DELIUS KLASING

Alan Watts

Wie wird der Wind?

Was die Wolken uns sagen

Delius Klasing Verlag

Die englische Originalausgabe mit dem Titel »Instant Wind Forecasting« erschien
2005 bei Adlard Coles Nautical / A&C Black Publishers Limited, London.

Bibliografische Information Der Deutschen Bibliothek
Die Deutsche Bibliothek verzeichnet diese Publikation in der
Deutschen Nationalbibliografie; detaillierte bibliografische
Daten sind im Internet über »http://dnb.ddb.de« abrufbar.

1. Auflage
ISBN 3-7688-1657-5
Die Rechte für die deutsche Ausgabe liegen beim Verlag
Delius, Klasing & Co. KG, Bielefeld

Aus dem Englischen von Erik von Krause
Fotos: Alan Watts, sofern nicht anders angegeben
Umschlaggestaltung: Gabriele Engel
Printed in Singapore 2005

Delius Klasing Verlag, Siekerwall 21, D - 33602 Bielefeld
Tel.: 0521/559-0, Fax: 0521/559-115
E-Mail: info@delius-klasing.de
www.delius-klasing.de

Einführung ... 7

Zur Benutzung dieses Buches ... 9

Winde und Druck ... 11
Grundlegendes über Segelwinde ... 11
Wie man die Windgeschwindigkeit schätzt ... 11
Was Winde tun ... 11
Lokale oder Küstenwinde ... 11
Beaufort-Skala für Windgeschwindigkeiten ... 12
Wie man den Wind verlässlich einschätzen kann ... 16
Gibt es Hindernisse in Windrichtung? ... 16
Mittelwind ... 16
Wie stark ist der Wind auf See? ... 18
Wie stark sind die Böen? ... 20
Wie hoch sind die Wellen auf See? ... 23

Windänderungen bei schlechtem Wetter ... 26
Winde im Tiefdrucksystem ... 26
Wie man Tiefdruckwetter erkennt ... 26
Vorhersage oder aktuelles Wetter ... 27
Wird es eine dauerhafte Winddrehung geben? ... 32
Wird es Sturm geben? ... 36

Lokale Winde ... 38
Über lokale Winde ... 38
Windzonen im Küstenbereich ... 45
Der Wind im Tagesverlauf ... 47
Über den Seewind ... 51
Auswirkungen des Seewindes auf See ... 51
Windänderungen an einem typischen Seewind-Tag ... 54
Ablandiger Wind ... 54
Wind parallel zur Küste ... 55
Wird es Seewind geben? ... 56
Wann der Seewind einsetzen wird
– Morgenwind ablandig ... 58
Zeit, zu der der Seewind einsetzen sollte ... 58
Den einsetzenden Seewind erkennen ... 59
Binnen-Bereiche ... 59
See-Bereiche ... 59
Wird es zu nächtlichem Landwind kommen? ... 62
Wo wird es zu lokalen Winddrehern kommen? ... 64
Das Mittelmeer ... 67
Die regionalen Winde des Mittelmeeres ... 68
Mini-Windänderungen: Windqualität ... 70
Windqualität ... 70
Größenordnung der Schwankungen ... 71
Erkennen und Nutzen einer regelmäßigen Strömung ... 74
Was uns Windkurven sagen ... 76
Erkennen und Nutzen einer unregelmäßigen Strömung ... 79

Tage mit erkennbaren Windmustern ... 82
Bereiche seewärts der generellen Küstenlinie ... 82
Schönes Wetter – Cumulus-Bewölkung ... 82
Große Cumulus-/ Cumulonimbus-Wolken und Schauer ... 86
Warme Tage – eventuell gewittrig ... 90
Bereiche seewärts und landwärts der Küstenlinie ... 94
Zunehmende Höhenbewölkung und rückdrehende Winde ... 94
Bereiche landeinwärts der generellen Küstenlinie ... 96
Schönes Wetter – Cumulus-Wolken ... 96
Große Cumulus-/ Cumulonimbus-Wolken und Schauer ... 100
Warme Tage – eventuell gewittrig ... 104

Wellenmuster an Fronten 106
Mini-Tiefs 106
Wellen an Fronten 106

Segeln auf Binnenrevieren 108
Seen, Stauseen und andere Binnengewässer 109
Gebirgsseen 111
Die Winde der Großen Seen 114
Wird es zu Seewind kommen? 114
Wann ist Seewind-Saison? 115
Welche ist die wahrscheinliche Windrichtung
über dem See? 115

Haben Sie daran gedacht ...? 116
Tipps zur Regattavorbereitung 116
Regattavorbereitung für kleinräumige Reviere 116
Tipps für Regatten und Tagestörns 117

Weitere Bücher zum Thema 118

Wie wird der Wind? ist ein Buch, das zu dem Thema »Wie könnte sich der Wind bei unterschiedlichen Bedingungen entwickeln?« Fragen stellt und einige Antworten gibt. Natürlich erhebt es nicht den Anspruch, auf alle möglichen Situationen einzugehen; wenn ein solches Buch überhaupt geschrieben werden könnte, dann wäre es wesentlich umfangreicher als dieses. Aber ich hoffe, dass es vielen Menschen weiterhelfen kann, die mehr über den Wind wissen wollen als das, was in den üblichen Wettervorhersagen geboten wird.

Während des langen heißen Sommers 1967 habe ich ein Buch mit dem Titel *Das Wetter in Bildern* verfasst. Damals habe ich nicht geglaubt, dass ein Buch erfolgreich sein würde, das Wetterprognosen anhand von Himmelsbeobachtungen zum Inhalt hat. Seit damals ist es jedoch immer wieder neu aufgelegt und in viele Sprachen übersetzt worden.

Ein Grund für den Erfolg sind vielleicht die 24 ganzseitigen Farbaufnahmen verschiedener Wolkenformationen. Es können aber auch die Tabellen sein, die die Möglichkeiten der Wetterveränderungen auflisten und es letzten Endes dem Leser überlassen, aus seinen Beobachtungen die entsprechenden Schlüsse zu ziehen. Diese Tabellen basieren auf bekannten meteorologischen Grundlagen, die sich jahrzehntelang bewährt haben.

Ich habe mein ganzes Leben auf Booten verbracht und als segelnder Meteorologe immer wieder versucht zu verstehen, warum der Wind das macht, was er macht.

Nicht lange nachdem sich der Erfolg von *Das Wetter in Bildern* abzeichnete, faszinierte mich die Idee, ein Buch mit tabellarisch aufgeführten Informationen kombiniert mit Fotos zu schreiben, das den Seglern helfen soll zu erkennen, wie sich der Wind verändern wird – eine deutlich größere Herausforderung als mein erstes Buch. Es wurde zwar nicht ganz so erfolgreich wie *Das Wetter in Bildern*, wird aber ebenfalls seit nunmehr 27 Jahren immer wieder neu aufgelegt.

Ich weiß, dass viele Windvorhersagen, die mithilfe dieses Buches entwickelt werden, sicher nicht spontan erstellt werden können, daran lässt sich nicht deuteln. Ich hoffe aber, dass es im Vergleich mit anderen, deutlich umfangreicheren Werken zumindest teilweise gelingen wird, dem Titel gerecht zu werden. Ich habe versucht, ein praktisches Buch zu machen, um professionelle Vorhersagen zu ergänzen und zu verstärken. Ganz gleich, ob Sie Ihre Prognosen aus dem Radio, dem Fernsehen, per Fax, aus der Zeitung oder aus dem Internet beziehen, Sie werden niemals das Maß an Genauigkeit erhalten, das Sie zum Segeln und für andere Sportarten, bei Freizeitbeschäftigungen oder auch für Ihre Arbeit brauchen. Vorhersagen können nur den allgemeinen Trend für Windrichtung und Windgeschwindigkeit bieten, die tatsächlichen Bedingungen aber können durch Hügel und Täler oder bestimmte Küstenformationen stark davon abweichen.

Da die Regattasegelei unmittelbar von selbst kleinsten Änderungen der Windbedingungen abhängt und jede Änderung eine enorm große Rolle spielen kann, ist dieses Buch in erster Linie für Jollen- und Dick-

schiffsegler wie auch für Windsurfer gedacht. Es hilft aber auch Motorboot-Skippern, Drachen- und Schirmgleitern und selbst Golfern, wenn der Wind über die Fairways pfeift. Die Informationen über See- und Landwinde dürften sogar für Strandurlauber wichtig sein, vor allem, wenn sie Drachen steigen lassen wollen. Das Buch kann sogar Vogel- und Insektenkundlern helfen, die Fluggewohnheiten verschiedener Tiere besser zu verstehen. Das Kapitel mit den besonderen Windsystemen des Mittelmeeres richtet sich an diejenigen, die dort wohnen, oder an die, die das Beste aus ihrem Urlaub am Wasser oder an Bord einer Charteryacht machen wollen. Die Großen Seen im Norden der USA sind für ungewöhnliche Windeffekte bekannt, von denen einige in einem besonderen Kapitel beschrieben werden.

Regattasegler können nicht erwarten, aus diesem Buch immer oder oft die entscheidenden Ideen zum Sieg ableiten zu können. Ich möchte vielmehr Anregungen geben, wie sie mit einem zu erwartenden Winddreher umgehen sollten – wenn er denn kommt. Der exakte Zeitpunkt für einen Dreher lässt sich nie genau vorhersagen, es kann sich bestenfalls um einige Dutzend Minuten, aber auch um Stunden handeln. Allerdings, nur 10 Minuten der Unschlüssigkeit können zwischen Sieg und Niederlage entscheiden.

Es gibt signifikante Winddreher, ausgelöst durch eine durchziehende Front oder den einsetzenden Seewind, die die Natur mit den entsprechenden Wolkenzeichen in der Atmosphäre ankündigt. Diese Zeichen werden im Text besonders hervorgehoben. Tatsächlich gibt es so gut wie keine größeren Windveränderungen ohne die dazu gehörenden Wolkenformationen. Für den Hobby-Meteorologen gilt es, diese Anzeichen zu erkennen.

Ich hoffe, mithilfe von Fotos und Querverweisen viele Vorhersage-Situationen erfasst und beschrieben zu haben. Es gibt viele Tage, an denen der Wind immer aus einer Richtung weht und der Himmel dicht mit Schichtwolken bedeckt ist. Um diese soll es hier nicht gehen. Ich habe mich vorwiegend mit den Tagen beschäftigt, an denen sich die Windrichtung kurz- oder langfristig ändert und diese Drehungen irgendwie vorhergesagt werden können. Nur Übung und Gewohnheit werden zeigen, welche Seiten für bestimmte Situationen anzuwenden sind.

Wie wird der Wind? ist kein Lehrbuch für den Wind. Es gibt auch keine tief schürfenden Erklärungen – nur gerade so viel, dass es zum Verständnis reicht. Ich hoffe, diese Vorgehensweise gefällt all denjenigen, die von langatmigen Erläuterungen entmutigt werden. Dann vielleicht wird der interessierte Beobachter bewusst in den Himmel schauen um herauszufinden, wann etwas passiert, weil er sicher ist, dass etwas geschehen wird. Selbst mit dem heutigen Wissen, das so viel umfangreicher ist das der Vergangenheit, gehört das Verständnis für den Wind immer noch zu den am meisten vernachlässigten Bereichen des gesamten seemännischen Spektrums der Segler.

Wie wird der Wind? verlangt so gut wie keine meteorologischen Vorkenntnisse. Versuchen Sie das Buch zu nutzen und geben Sie nicht auf, wenn die Vorhersagen zu Beginn nicht gleich besonders treffend sind. Diese neue Auflage ist eine vollständige, ausschließlich farbig gedruckte Überarbeitung mit mehr Bildern und im Vergleich mit früheren Ausgaben gekürzten Tabellen. Neue Kapitel über Mini-Winddreher und die Windsysteme des Mittelmeeres wurden neu hinzugefügt. Ich hoffe, sie gefällt Ihnen.

Alan Watts

Suchen Sie das Kapitel heraus, das Ihnen am besten hilft, mögliche Wind-Tendenzen zu erkennen. Präzisieren Sie diese anhand von Detailbeobachtungen, bis Sie eine möglichst eindeutige Vorstellung davon haben, wie sich der Wind verhalten wird. (Denken Sie immer daran: Es gibt so viele unterschiedliche Wind- und Wettervarianten, dass kein noch so umfangreiches Buch sie alle beschreiben könnte.)

Bei der Gestaltung habe ich versucht, das Buch praxisnah aufzubauen, indem ich Ihnen möglichst konkrete Ideen von dem liefere, was geschehen könnte. Das war keine leichte Aufgabe. Allerdings gibt es immer eine Reihe gesicherter Fakten. Was weiß der Leser über seine Ausgangssituation? Er wird wissen, wie groß die Entfernung zur nächsten Küste ist, und er weiß – oder sollte wissen –, wie die allgemeine Wetterlage aussieht. Vorhersagen aus dem Internet reichen mittlerweile bis zu immerhin zwei Wochen in die Zukunft. Das mag vielen zu lang erscheinen, um ein ausreichendes Vertrauen zu schaffen, und Details wie die Lage von Fronten werden nicht erwähnt, aber die Verteilung der Isobaren wird abgebildet. Geht man nur von einer Woche aus, ist die Treffsicherheit besser und die Vorhersage damit vertrauenswürdiger. Und bei einer Drei-Tage-Prognose kann man dem Wetterbericht bereits Glauben schenken.

Viele Details werden in Wettervorhersagen allerdings nicht erwähnt, zum Beispiel wie der Wind im Grenzbereich zwischen Land und Wasser beeinflusst wird. Deshalb sind die tabellarischen Informationen auf den entsprechenden Seiten in see- und landwärtige Zonen von der Küstenlinie aufgeteilt.

Die Fotos in diesem Buch demonstrieren anhand von Situationen, wie man mithilfe bestimmter Anzeichen erkennen kann, wie sich der Wind verhalten wird. Vor Ort muss man den Tagesverlauf und die Himmelsbeobachtungen kombinieren, aber manchmal stehen auch nur sehr wenige signifikante Zeichen zur Verfügung. Das sind dann meist Tage mit bedecktem oder völlig wolkenlosem Himmel. Wir beschäftigen uns mit den Tagen, an denen wir den pauschal abgefassten Wetterbericht mit nützlichen Erkenntnissen vervollständigen können.

Winddrehungen

An jedem Tag gibt es Winddrehungen, und dieses Buch beschäftigt sich mit den Tagen, an denen die Dreher mehr oder weniger sicher vorhergesagt werden können und an denen die Zeichen des Himmels leicht erkennbar sind. So sind zum Beispiel Schönwettertage mit Cumulus-Wolken (Cu) besonders umfassend beschrieben, weil sie oft für kurzfristige Böen und Flauten in Verbindung mit Winddrehern nach rechts und links gut sind. Je größer die weißen Haufenwolken wachsen, umso wahrscheinlicher werden deutliche Winddrehungen. Wenn diese Cumuli allerdings so groß werden, dass es zu Schauern oder gar Gewittern kommt, gelten wieder andere Regeln, die in einem besonderen Kapitel beschrieben sind.

Manchmal kommt es im Ablauf der wechselnden Windgeschwindigkeiten und der damit verbundenen Drehungen zu seltsamen Erscheinungen. Derartige Muster gelten als *ungewöhnlich*. Das übliche Muster geht mit den Haufenwolken einher und beschreibt, wie sich der Wind normalerweise verhält. Ungewöhnliche Veränderungen treten vor allem bei Winden aus dem östlichen Quadranten auf.

Kurzzeitige Dreher sind vor allem für Jollensegler und Windsurfer von Bedeutung, dauerhaftere Drehungen eher für Freizeitsegler sowie Skipper und Taktiker von Hochsee-Rennyachten. Obwohl es oft recht schwierig ist, größere Winddreher, die von durchgehenden Fronten erzeugt werden, zeitlich exakt vorherzusagen, gebe ich dazu einige Hinweise. Ein einschlägiges Beispiel dazu ist, wenn der Wetterbericht den Durchzug einer Kaltfront angekündigt hat. Jeder weiß, dass es beim Durchzug der Front zu einem Rechtsdreher kommen wird. Manchmal aber, wenn die Front älter ist oder bereits einen langen Weg über Land zurückgelegt hat, kommt der Dreher nur zögerlich, weil die Wolken der Front nicht geballt, sondern abschnittsweise auftauchen. Insgesamt allerdings wird es bei Frontdurchgang zu Rechtsdrehern kommen. Wenn diese jedoch ausbleiben, erwarten Sie keine schnellen Aufheiterungen.

Lokale Winde

Der Seewind beeinflusst die Küsten- und Binnengewässer in Frühjahr und Sommer in besonderem Maße, sodass ihm gesteigerte Aufmerksamkeit gilt. Stark ausgebildete Seewinde breiten sich über große Küstenbereiche aus und können bis zu 50 Seemeilen landeinwärts reichen, bevor ihnen die Puste ausgeht. In der Regel beziehen sich die Tabellen auf die europäischen Atlantikküsten, aber viele können auch für die Küstenbereiche Nordamerikas angewandt werden. Im Mittelmeer sind die Seewinde generell stärker ausgeprägt und können durchaus leichte und mittlere Winde so stark beeinflussen, wie es weiter nördlich nur höchst selten vorkommt.

Wenn Sie sich besonderes dafür interessieren, wie sich der Wind verhalten könnte, dürfte das Kapitel *Der Wind im Tagesverlauf* (S. 47 bis 49) weiterhelfen.

Beispiel 1 Sie wollen auf einem Fluss oder einem Meeresarm in einer Entfernung von ein oder zwei Seemeilen zur Küstenlinie segeln. Sie wollen morgens starten und erst am Nachmittag zurückkehren.

Schlagen Sie in dem Kapitel *Der Wind im Tagesverlauf* (S. 47) nach. Vergleichen Sie den Tag mit dem dazu am besten passenden aus diesem Kapitel und lesen Sie die dazu relevanten Eingangsdaten. Wenn das Wetter etwas anders aussieht als beschrieben, kann Ihnen die Erfahrung helfen, den Tag der passenden Situation zuzuordnen.
Angenommen, der Morgen beginnt zunächst wolkenlos und allmählich bilden sich Cumulus-Wolken. Schlagen Sie auf S. 96 nach, um mehr Informationen über den tageszeitlichen Ablauf möglicher Winddreher zu erhalten. Anschließend suchen Sie in dem Kapitel *Lokale Winde* nach weiteren Details. Für Regattasegler wichtige zusätzliche Angaben über Mikro-Dreher finden Sie ab S. 70.

Beispiel 2 Bei anscheinend gutem Wetter wollen Sie einen Törn entlang der Küste machen, der Wetterbericht warnt allerdings vor Trögen mit niedrigem Luftdruck, die das Seegebiet überqueren sollen. Noch im Hafen können Sie die Stärke des Windes auf See bestimmen (S. 18) und die möglichen Böen dazu addieren (S. 20). Auch die voraussichtlichen Wellenhöhen lassen sich schätzen (S. 23).
Beobachten Sie das Wetter und beurteilen Sie, wo Sie sich innerhalb des Wetterszenarios befinden. Dabei helfen Ihnen Fotos, die den Trögen und Fronten vorausziehenden Wolken zu identifizieren. Durchgehende Fronten und Tröge bedeuten dauerhafte Winddrehungen (S. 33). Sie können auch zu deutlich mehr Wind führen (S. 36). Nutzen Sie den Wetterbericht und andere Quellen, um den wahrscheinlichen Wettertrend zu erkennen. Wenn alles darauf hindeutet, dass es nicht allzu schlimm wird, segeln Sie los – und viel Glück.

Nützliche Informationen

Abkürzungen für Wolkenarten

Cu	Cumulus	As	Altostratus
Sc	Stratocumulus	Ac	Altocumulus
Cb	Cumulonimbus	Ci	Cirrus
St	Stratus	Cs	Cirrostratus
Ns	Nimbostratus	Cc	Cirrocumulus

Umrechnung
Druck: 1 Millibar (mb) oder Hektopascal (hPa) (gleiche Einheit) = 0,76 mm Quecksilbersäule

Anmerkung Die Begriffe *Seewind* und *Landwind* zeigen an, dass es sich um Systeme im meteorologischen Sinne und nicht um beliebige Winde von See oder Land handelt, die andere Ursachen haben. *Ablandiger* oder *auflandiger* Wind sind beliebige Winde von Land oder von See.

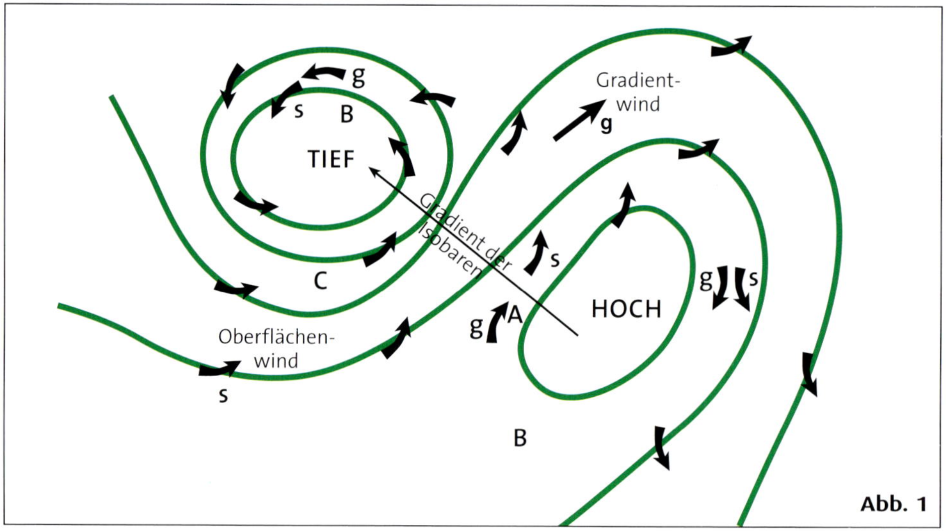

Abb. 1

Wie man die Windgeschwindigkeit schätzt

Die Windgeschwindigkeit zu beurteilen ist schwierig. Es hängt davon ab, wo Sie sich bei der Schätzung befinden. Hinweise zu diesem Thema finden Sie auf S. 16. Man geht davon aus, dass die geschätzte Windgeschwindigkeit die des mittleren Windes ist. Dazu müssen die Böen addiert werden (S. 20). Während früher nur professionelle Meteorologen die Windgeschwindigkeit genau beurteilen konnten, helfen heutzutage an Bord fast aller Fahrten- und Rennyachten Windmessgeräte. Ein Jollensegler hat in der Regel kein derartiges Messgerät, er wird sich auf eigene Beobachtungen verlassen müssen und deshalb die Windstärke höchstens nach der Beaufort-Skala abschätzen können. Jollensegler haben oft die Möglichkeit, den auf dem Klubhaus montierten Windmesser abzulesen, müssen aber Zuschläge einrechnen, wenn sie sich von der Küste entfernen.

Was Winde tun

Wind weht aus Gebieten mit hohem Druck in solche mit niedrigem Druck (Abb. 1, S. 10). Er bewegt sich jedoch nicht auf der direkten Linie, dem Druck-Gradienten (A-B), sondern weht durch die Erdrotation spiralförmig aus dem Hoch ins Tief.

Auf der nördlichen Halbkugel behält der Wind den Bereich tiefen Drucks auf seiner linken Seite (C) (auf der Südhalbkugel auf seiner rechten Seite). Daraus ergibt sich die praktische Regel:

Stehen Sie mit dem Rücken zum Wind, befindet sich das Gebiet tiefen Drucks zu Ihrer Linken. (Stellen Sie sich auf der Südhalbkugel mit dem Gesicht zum Wind.)

Diese Regeln gelten vor allem für die gemäßigten Breiten. In den Tropen weht der Wind vom Hoch zum Tief auf einem direkteren Weg. Dieses Buch bezieht sich auf die gemäßigten Breiten. Es wurde für die Nordhalbkugel geschrieben, Korrekturen für die Südhalbkugel sind, falls erforderlich, vermerkt.

Gradientwind Dieser Wind entsteht rund um die Druckgebilde (mit ›g‹ markierte Pfeile in Abb. 1). Die Isobaren (Linien gleichen Luftdrucks) sind mit Höhenlinien vergleichbar, man spricht deshalb von ›Gefälle‹ (Gradient) zwischen den Isobaren. Je dichter die Isobaren beieinander liegen, desto größer ist das Gefälle (der Gradient) und desto stärker ist der Gradientwind. Im Bereich von C, wo die Isobaren dicht an dicht verlaufen, wird es frische bis starke Winde geben, am Punkt A hingegen ist der Wind deutlich schwächer. Der Gradientwind weht parallel zu den Isobaren.

Oberflächenwind Dabei handelt es sich um den Gradientwind, der durch Reibung an der Erdoberfläche abgelenkt ist (mit ›s‹ markierte Pfeile). Je größer die Reibung, umso mehr weichen Windrichtung und -geschwindigkeit des Oberflächenwindes von denen des Gradientwindes ab. Wenn keine lokalen Winde zusätzlichen Einfluss ausüben, beträgt der Unterschied selten mehr als 45 Grad. Oberflächenwinde werden in Richtung des tiefen Drucks abgelenkt, auf See um 10 bis 15 Grad, über Land um 20 bis 30 Grad im Vergleich zum Gradientwind. Während die Ablenkung über See sich recht stabil in dem genannten Bereich hält, können über Land Ablenkungen von unter 20 und über 30 Grad auftreten.

Der Begriff Gradientwind wird in diesem Buch verwendet, um den von Drucksystemen erzeugten Wind zu beschreiben, der nicht von lokalen Winden oder topografischen Gegebenheiten beeinflusst ist.

Lokale oder Küstenwinde

Diese verändern die oben genannten Regeln.

Die wichtigsten Küstenwinde sind der Seewind am Tag und der Landwind bei Nacht. Die Windstruktur an einer Küste wird von den Gradientwinden beherrscht und verändert durch:

- die täglichen Schwankungen der Windgeschwindigkeit,
- dem Seewind-Landwind-System.

Tägliche Schwankung nennt man die völlig normalen Veränderungen, die an allen Landstationen im Verlauf von 24 Stunden gemessen werden. Näheres dazu finden Sie in der Tabelle auf S. 48. Auch über den Ozeanen mit großen Wassertiefen und bei Winden, die lange Wege über See zurückgelegt haben, treten tägliche Schwankungen auf, sie sind jedoch im Vergleich zu denen über Land oder denen, die über Land kommen, nur sehr gering.

Seewind – Landwind Diese Winde wehen tagsüber von See nach Land und nachts von Land nach See. Diese einfache Feststellung enthält allerdings viele Variablen, von denen einige in den Tabellen erwähnt sind.

Fallwinde Kalte Luftmassen, die an steilen Berghängen in Küstennähe hinabstürzen. (Der Mistral und die Bora des Mittelmeeres sind Beispiele für Fallwinde.)

Fallstrom-Wind Sehr schneller, abwärts gerichteter Wind, der vor allem bei Gewittern und schweren Regenfällen an steilen Küsten auftritt.

Katabatischer Wind Kühle, hangabwärts gerichtete Luftströmung, vor allem nachts.

Anabatischer Wind Luft, die sich morgens über Berghängen erwärmt, strömt hangaufwärts.

Tal- und Bergwinde wehen tagsüber die Täler hinauf und nachts hinab.

Fall- und Fallstromwinde treten fast nur bei schlechtem Wetter auf, während die anderen beschriebenen Sonderfälle bei ruhigen Wetterlagen vorkommen.

Die Windskala von Admiral Beaufort stammt aus der Zeit der Rahsegler. Sie muss dem Gebrauch auf Jollen und Yachten angepasst werden.

Beaufort	*Allgemeine Beschreibung*	*Windgeschwindigkeit in Knoten*	*Auswirkungen an Land*	*Auswirkungen auf Jollen*
0	Windstille	< 1	Keine Luftbewegung, Rauch steigt senkrecht hoch, Blätter bewegen sich nicht.	Die Segel füllen sich nicht. Regattaflaggen wehen nicht aus, Windfäden können sich bewegen.
1	Leiser Zug	1 bis 3	Windrichtung nur an ziehendem Rauch erkennbar, Windanzeiger reagieren nicht.	Die Segel füllen sich. Regattaflaggen nicht verlässlich erkennbar. Crew und Steuermann sitzen sich gegenüber.
2	Leichte Brise	4 bis 6	Wind im Gesicht fühlbar. Blätter rascheln, Wimpel wehen nicht aus. Windanzeiger sprechen an.	Das Boot kann gesegelt werden. Regattaflaggen sind zuverlässig. Die Crew sitzt in Luv. Spinnaker können ziehen.
3	Schwache Brise	7 bis 10	Blätter bewegen sich, leichte Wimpel wehen aus.	Steuermann und Crew sitzen auf der Luvkante. Spinnaker ziehen gut. Rennjollen kommen ins Gleiten.
4	Mäßige Brise	11 bis 16	Kleine Zweige bewegen sich, Flaggen wehen aus. Staub und Papier werden aufgewirbelt.	Jollencrews reiten aus. Kleinere Jollen gleiten teilweise, größere immer. Bester Segelwind.
5	Frische Brise	17 bis 21	Größere Zweige und kleine Bäume bewegen sich, hohe Wipfel schwanken. Wind im Gesicht schon unangenehm.	Die Schoten werden in Böen gefiert. Die Crew setzt ihr ganzes Gewicht ein, um das Boot aufrecht zu segeln. Genuas sind am Limit. Erste Kenterungen.
6	Starker Wind	22 bis 27	Große Zweige bewegen sich, Wind singt in der Takelage.	Jollen unter Vollzeug sind übertakelt. Viele Kenterungen. Die Crews kämpfen mit den Booten.
7	Steifer Wind	28 bis 33	Schwächere Bäume bewegen sich, fühlbare Hemmung beim Gehen gegen den Wind.	Jollen segeln voll gerefft. Schwierig, nur unter Großsegel zu segeln. Absolutes Limit für Jollen.
8	Stürmischer Wind	34 bis 40	Große Bäume bewegen sich, Zweige brechen ab. Beim Gehen erhebliche Behinderung.	Nur Könner kommen unter Vorsegel allein im Seegang noch voran.
9	Sturm	41 bis 47	Leichtere Gegenstände werden fortgerissen, Schäden an Dächern.	Nicht zutreffend.
10	Schwerer Sturm	48 bis 55	Bäume werden entwurzelt, Häuser beschädigt.	Nicht zutreffend.

Auswirkungen auf Dickschiffe	*Seegang*	*Auswirkungen dicht unter Land und auf Binnengewässern*
Der Großbaum schwingt im Schwell hin und her. Regattaflaggen und Windmessgeräte bewegen sich nicht, Windfäden können sich bewegen.	Spiegelglatte See; Spiegelbilder im Wasser ungebrochen.	Wenn überhaupt, gibt es nur thermische Winde dicht unter Land.
Die Segel füllen sich gerade, die Yacht macht aber kaum Fahrt. Regattaflaggen zeigen Bewegung, Windmesser jedoch nicht. Verklicker bewegen sich, Spinnaker füllen sich nicht.	Kleine, schuppenförmig aussehende Kräuselwellen ohne Schaumkämme.	Thermische Winde dominieren noch. Der Seewind setzt sich am Vormittag, der Landwind in der Nacht durch. Auf Seen und Flüssen können anabatische und katabatische Winde auftreten.
Der Wind ist im Gesicht fühlbar. Das Boot ist steuerbar. Segel und Spinnaker ziehen. Rennflaggen und Windmesser reagieren und sind zuverlässig.	Kleine kurze Wellen. Die Kämme sehen glasig aus und brechen nicht.	Lokale Windsysteme können die Windgeschwindigkeit immer noch beeinflussen. Der Seewind setzt sich erst gegen Mittag durch. Oberes Limit für nächtliche Landwinde. Berg- und Talwinde erreichen ähnliche Geschwindigkeiten.
Gute Fahrt im Schiff, leichte Flaggen wehen voll aus.	Kleine Wellen, aber ausgeprägter. Die Kämme beginnen zu brechen. Schaum überwiegend glasig, ganz vereinzelt können weiße Schaumköpfe auftreten.	Wenn überhaupt, kann sich der Seewind erst am Nachmittag durchsetzen, in südlichen Breiten auch früher. Nächtliche Landwinde setzen sich kaum noch gegen den Gradientwind durch.
Beste Segelbrise, große Genuas ziehen optimal.	Wellen sind noch klein, werden aber länger. Weiße Schaumköpfe treten schon ziemlich verbreitet auf.	Starke lokale Winde können die Windgeschwindigkeit beeinflussen. Seewinde können sich am späten Nachmittag durchsetzen. Landwinde haben nur selten eine Chance.
Die Fahrt wird bereits etwas vom Seegang gestört. Genuas sind am Limit. Spinnaker können noch gefahren werden. Yachten segeln mit Höchstgeschwindigkeit.	Mäßige Wellen, die eine ausgeprägtere lange Form annehmen. Überall weiße Schaumkämme. Ganz vereinzelt kann schon Gischt vorkommen.	Obere Grenze für eine Beeinflussung durch lokale Windsysteme, nur in südlichen Breiten noch möglich. Seewinde können allenfalls noch die Richtung des Gradientwindes verändern.
Viel Wind für kleinere Boote. Viele Fahrtensegler suchen Schutz. Die Segel sollten gerefft werden, um die Böen bewältigen zu können.	Die Bildung großer Wellen beginnt, Kämme brechen und hinterlassen größere weiße Schaumflächen, etwas Gischt.	Normalerweise keine lokalen Windeinflüsse.
Viel Wind auch für größere Kielyachten. Die meisten Fahrtensegler suchen Häfen auf. Rennyachten fahren noch Spinnaker. Es muss gerefft werden.	See türmt sich, der beim Brechen entstehende weiße Schaum beginnt sich in Streifen in Windrichtung zu legen.	Nicht zutreffend.
Sturm. Yachten sind nur noch auf See, wenn nicht anders möglich oder wenn sie an einem Hochseerennen teilnehmen. Sturmsegel sollten gesetzt oder es sollte beigedreht werden.	Mäßig hohe Wellenberge mit Kämmen von beträchtlicher Länge. Von den Kanten der Kämme beginnt Gischt abzuwehen. Der Schaum legt sich in gut ausgeprägten Streifen in Windrichtung.	Nicht zutreffend.
Wenn es nicht um ein wichtiges Hochseerennen geht – und manchmal selbst dann –, sucht man am besten tiefes Wasser auf. Man bringt Leinen über das Heck aus. Für viele geht es ums Überleben.	Hohe Wellenberge, dichte Schaumstreifen in Windrichtung. »Rollen« der See beginnt. Gischt kann die Sicht schon beeinträchtigen.	Nicht zutreffend.
Fast das Maximum für Yachten. Die besten Chancen findet man in tiefem Wasser und bei genug Seeraum nach Lee. Treibanker empfohlen.	Sehr hohe Wellenberge mit langen überbrechenden Kämmen. See weiß durch Schaum. Rollen der See schwer und stoßartig. Sicht beeinträchtigt.	Nicht zutreffend.

1584
14
K 829
2003

Um abschätzen zu können, was der Wind machen wird, muss man verstehen, wie er sich verhält. Hier sind einige Tipps beschrieben, wie man zuverlässige Angaben zu Windrichtung und -geschwindigkeit erhält.

Die verlässlichsten Daten über Windrichtung und -geschwindigkeit liefert ein Windmessgerät (zu Schwankungen siehe Grafiken auf S. 77).

Sie können die Werte eines Windmessers auf dem Klubhaus oder auf dem Mast einer vor Anker oder in einer Marine festgemachten Yacht verwenden. Um zuverlässige Windinformationen zu bekommen, reicht es aber nicht, das Anzeigeinstrument nur einige Sekunden lang zu beobachten. Normalerweise muss man sich schon wenigstens drei bis vier Minuten Zeit nehmen, um auch die Böen und etwaige Turbulenzen erfassen zu können. An Tagen mit normalen Schwankungen (siehe S. 76) sollten Sie alle 30 Sekunden Windrichtung und -geschwindigkeit notieren, und das über einen Zeitraum von etwa 15 Minuten. Wem dieser Aufwand zu groß ist, muss damit rechnen, dass er die Windrichtung nur mit einer Genauigkeit von 20 bis 30 Grad um den Mittelwert erhalten wird. Wenn immer wieder Schauer durchziehen, erhält man die sichersten Werte beim blauem Himmel dazwischen.

Steht kein Windmessgerät zur Verfügung, sollten Sie die Wimpel von Jollen am Strand oder die Regattaflaggen auf dem Startschiff beobachten. Vor dem Auslaufen blicken Sie genau in Windrichtung um festzustellen, ob der Wind gestört über Land oder frei übers Wasser weht. Ist Letzteres der Fall, sind die beobachteten Werte korrekt. Auf See wird der Wind nach der Beaufort-Skala (S. 12/13) geschätzt.

Gibt es Hindernisse in Windrichtung?

Wenn Hindernisse wie Bäume, Gebäude oder Ähnliches in Luv niedriger oder gleich hoch sind wie der Nagel Ihres hochgereckten Daumens am ausgestreckten Arm, befinden Sie sich außerhalb der gestörten Windzone. Wenn Sie näher an das Hindernis heransegeln, wird die Windgeschwindigkeit immer weiter abnehmen. Wird das Hindernis höher als die Stecke zwischen Daumen- und Zeigefingerspitze am ausgestreckten Arm, können Sie gerade noch mit etwa 20 % der Windgeschwindigkeit rechnen, die Sie auf freier See hatten. Handelt es sich um Bäume, rechnen Sie mit 20 % mehr, bei großen Gebäuden kann es auch absolute Flaute geben.

Mittelwind

Beim Jollensegeln wird man nur selten den mittleren Wind vorfinden, sondern vor allem mit den Abweichungen davon leben müssen. Sie werden auf S. 77 einiges über Winddiagramme finden, an dieser Stelle wollen wir nur festhalten, dass der Wind fast ständig um den so genannten Mittelwind hin und her dreht und die Windgeschwindigkeit gleichermaßen um die mittlere Geschwindigkeit schwankt. Dieses Buch wird Ihnen helfen zu erkennen, an welchen Tagen der Wind stark schwankt (siehe S. 70 bis 79) und an welchen weniger stark. Wenn Sie erkannt haben, dass die Luftströmung variabel ist, segeln Sie mit dem vorhandenen Wind und richten Sie Ihre Taktik nach den Vorschlägen auf den genannten Seiten. Bei relativ gleichmäßigem Wind folgen Sie einfach der uralten Regel für die Kreuz – wenden Sie, wenn der Wind vorlicher einfällt. Das kann dann allerdings zu einer Lotterie werden, denn manchmal werden Sie auch bei einem nur kurzen Dreher wenden und sich danach in einer deutlich schlechteren Situation wiederfinden. So aber ist das Seglerleben.

S. 14 Bei einer wechselhaften Wetterlage, wenn der Wind nahezu oder volle Sturmstärke erreicht, können sich zwischen den normalen (Wellenhöhen siehe S. 23) ab und zu besonders hohe Wellen bilden.

S. 15 Am anderen Ende des Spektrums gibt es Tage, an denen man, vor allem auf Binnengewässern, um jeden Hauch Wind beten muss.

S. 17 Wenn Flaggen voll auswehen, kann man von mindestens Windstärke 4 ausgehen. Wählen Sie immer einen möglichst hoch gelegenen Messpunkt – einen Windmesser auf einem Masttopp oder dem Klubhaus. Cu-Wolken können Flaute bedeuten – oder eine Böe.

Die meisten Wetterstationen stehen an den Küsten, sodass es sich bei den aktuellen Messwerten um Winddaten handelt, die durch den Landeinfluss verfälscht sind. Die angezeigte Windgeschwindigkeit ist fast immer niedriger als die auf offener See. Vor allem bei leichtem Wind können die Messwerte ganz erheblich geringer ausfallen. Die auf See wahrscheinlichen Windgeschwindigkeiten bei Tage und bei Nacht sind in den beiden Tabellen aufgeführt, davon ausgehend, dass Sie aktuelle Messwerte von einer Wetterstation haben (höchstens 3 bis 7 Kilometer von der Küste entfernt).

Anmerkung Kommt der Wind über See, fallen besonders tagsüber die Unterschiede zwischen den Windgeschwindigkeiten auf offener See und den von einer Wetterstation gemessenen geringer aus. Die größten Abweichungen treten auf, wenn der Wind nachts über Land weht. Die angegebenen Windgeschwindigkeiten beziehen sich auf eine Höhe von 10 Metern über der Oberfläche, was in etwa der Höhe des Segeldruckpunktes einer typischen Fahrtenyacht entspricht. Wenn eine Wetterstation direkt an der Küste steht und die Daten in 45 Metern Höhe misst, müssen die Messwerte um etwa 25% reduziert werden.

S. 19 Manchmal kann der Wind selbst bei wolkenlosem Himmel sehr stark werden. Das kommt vor, nachdem Fronten durchgezogen sind oder am Rande von Tiefdruckgebieten. Vor allem in bestimmten Regionen des Mittelmeeres ist dies ein häufiges Phänomen.

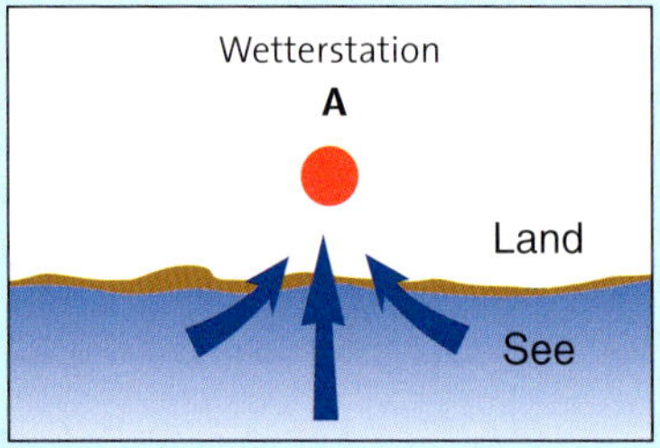

Wind von See

Windgeschwindigkeit, gemessen von Wetterstation A		*Windgeschwindigkeit auf See in Knoten (Beaufort)*			
Knoten	*Beaufort*	*Bei Tage*		*Bei Nacht*	
0–10	(0–3)	1–14	(1–4)	1–18	(1–5)
11–16	(4)	12–18	(4–5)	19–27	(5–6)
17–21	(5)	22–27	(6)	27–33	(7)
22–27	(6)	31–38	(7–8)	34–42	(8–9)
28–32	(7)	36–42	(8–9)	45–50	(9–10)

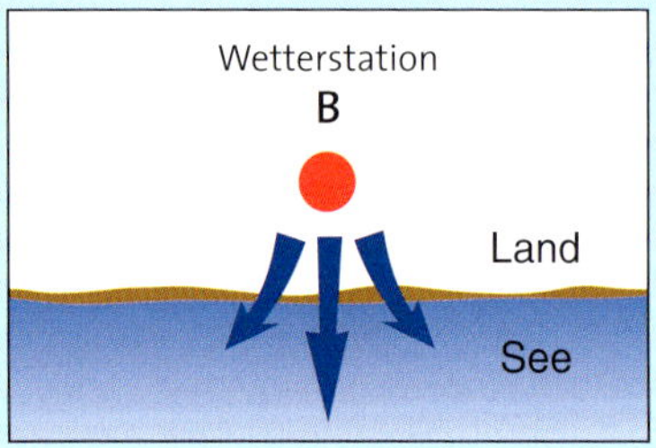

Wind von Land

Windgeschwindigkeit, gemessen von Wetterstation B		*Windgeschwindigkeit auf See in Knoten (Beaufort)*			
Knoten	*Beaufort*	*Bei Tage*		*Bei Nacht*	
0–3	(0–1)	1–10	(1–3)	0–12	(1–4)
4–6	(2)	10–16	(4)	12–18	(4–5)
7–10	(3)	14–20	(4–5)	15–22	(5)
11–16	(4)	17–22	(5)	17–26	(5–6)
17–21	(5)	23–30	(6–7)	26–33	(7)
22–27	(6)	30–38	(7–8)	33–42	(8)
28–33	(7)	38–46	(8–9)	40–50	(9–10)

Böen sind stärkere Winde, die die Oberfläche erreichen. Sie werden von Hindernissen auf dem Wasser nicht beeinflusst, es sei denn, man befindet sich in deren unmittelbarer Nähe.
Flauten entstehen, wenn Oberflächenwinde von Hindernissen auf dem Wasser ab- oder umgelenkt werden.
Die Differenz zwischen der mittleren Windgeschwindigkeit und den Böen ist größer, wenn

1 man auf Wasserflächen segelt, die von Land umgeben sind,
2 sich Haufenwolken (Cu und Cb) bilden,
3 man vormittags segelt,
4 der Wind etwa mit Stärke 5 weht (17 bis 21 Knoten). Der Unterschied ist bei leichterem und stärkerem Wind geringer.

Die Differenz ist kleiner, wenn

5 man auf offener See weitab von Land segelt,
6 die meteorologischen Verhältnisse stabil sind, also bei Schichtwolken (ohne Haufenwolken) und schlechter Sicht im Vergleich zur ausgezeichneten Sicht bei einer Luftströmung mit Cumulus-Wolken,
7 man nachts segelt (einschließlich der Zeit der Abend- und Morgendämmerung).

Durch eine sich ständig wiederholende Böentätigkeit hat man an Bord das Gefühl, es mit einem stärkeren Wind zu tun zu haben. Die mittlere Böen-Windgeschwindigkeit ist deshalb auch der stärkste Wind, die maximale Böen-Windgeschwindigkeit der relativ seltene Spitzenwert davon. Unter Berücksichtigung der zuvor beschriebenen Faktoren 1 bis 4 ergeben sich die folgenden Zahlen:

Mittlere Windgeschwindigkeit, gemessen oder vorhergesagt	17-10 kn (3 Bft.)	11-16 kn (4 Bft.)	17-21 kn (5Bft.)	22-27 kn (6 Bft.)	28-33 kn (7Bft.)	34-48 kn (8-9 Bft.)
Zu erwartende mittlere Böen-Windgeschwindigkeit	4 Bft.	5 Bft.	6-7 Bft.	7-8 Bft.	40-47 kn (9 Bft.)	48-57 kn (10 Bft.)
Zu erwartende maximale Böen-Windgeschwindigkeit	5 Bft.	6 Bft.	7 Bft.	9 Bft.	9-10 Bft.	11 Bft.

Die Böigkeit auf See (wenn der Wind 50 Seemeilen oder mehr über See kommt) ist bei Tag und Nacht kaum unterschiedlich, sodass man nachts gerade nur so viel Segel gesetzt haben sollte, dass man die dann nicht zu erkennenden Böen bis zu ihren Spitzen bequem durchstehen kann.
Gewitter produzieren sehr starke Böen, die den Regeln eines aufkommenden Sturms folgen. Aus der Art und Weise, wie Stürme ablaufen, ergeben sich folgende Hinweise:

Windbedingungen vor einem Sturm

Der Wind weht weg vom Sturm oder quer zu seiner Zugbahn (gewöhnlich nicht mehr als 20 kn).	Böen von 25-30 kn möglich
Der Wind weht ins Sturmzentrum hinein (gewöhnlich nicht mehr als10 kn).	Böen von 30-50 kn möglich

Sehr schwere Stürme können an ihrer Vorderseite Windgeschwindigkeiten von 60 kn und mehr produzieren.
Eine merkwürdige Eigenschaft von Gewitterlagen ist, dass ein 100 Seemeilen entfernter Sturm in einer ansonsten eher harmlosen Strömung Böen erzeugen kann, vor allem bei Nacht. Die Böen werden kaum stärker als 25-30 kn sein, bei einem Mittelwind von 5-10 kn bedeuten sie allerdings eine recht dramatische Zunahme.

S. 21 Besonders auf Binnengewässern ist die Böigkeit sehr ausgeprägt, da der Wind über das schützende Ufer hinab auf das Wasser weht. Hindernisse an Land hingegen führen zu Flautenlöchern.

Wellenhöhen hängen ab von:

- Windgeschwindigkeit,
- Dauer – der Zeitraum, den der Wind innerhalb eines Sektors von 30 Grad aus der gleichen Richtung weht,
- Fetch – die Distanz, die der Wind von der nächstgelegenen Küste aus über See zurücklegen kann.

Küstengewässer (Wassertiefe bis max. 50 m)

Fetch (Seemeilen)	5	10	20	50	100	200	500
3 Bft. (7-10 kn)							
Wellenhöhe (Meter)	-	0,3	0,6	0,9	0,9	1,2	1,2
Dauer (Stunden)	-	3	5	10	18	24	48
4 Bft. (11-16 kn)							
Wellenhöhe (Meter)	0,3	0,6	0,9	1,5	1,8	2,1	2,1
Dauer (Stunden)	1,5	2	4	6	12	24	48
5 Bft. (17-21 kn)							
Wellenhöhe (Meter)	0,6	0,9	1,5	2,4	3,0	3,3	3,6
Dauer (Stunden)	1	2	3	6	11	22	48
6 Bft. (22-27 kn)							
Wellenhöhe (Meter)	0,6–0,9	1,2	2,1	3,3	4,2	4,5	4,8
Dauer (Stunden)	1	2	3	5	10	18	48
7 Bft. (28-33 kn)							
Wellenhöhe (Meter)	0,9–1,2	1,8	3,0	4,8	6,0	6,6	7,2
Dauer (Stunden)	1	1,5	2	5	8	18	48
8 Bft. (34-40 kn)							
Wellenhöhe (Meter)	1,2-1,5	2,4	4,2	6,6	8,1	8,4	9,0
Dauer (Stunden)	1	1,5	2	4	7	15	36
9 Bft. (41-47 kn)							
Wellenhöhe (Meter)	1,8	3,0	5,4	8,4	9,6	10,5	12,0
Dauer (Stunden)	1	1	2	4	6	12	26
Maximal mögliche Wellenhöhen in einem Sturm							
Dauer (Stunden)	1	3	6	12	18	24	36
Faktor für o.a. Werte	1,18	1,28	1,33	1,4	1,42	1,45	1,47

Beispiel Man schätzt, dass der Wind über 4 Stunden lang mit 6 Bft. aus einer Richtung weht, in der das nächste Land 100 Seemeilen entfernt liegt. Wie hoch wird die Wellenhöhe sein? Antwort: 4,2 m aus der Tabelle oben, allerdings dauert es gut 10 Stunden, bis sich diese Höhe aufbauen kann. Die Wellen werden diese Höhe also noch nicht erreichen.

S. 22 Die größten Wellenhöhen entwickeln sich gewöhnlich bei einer Sturmwetterlage von langer Dauer. Der Himmel zeigt die typische ständige Wolkenbedeckung, die mit Tiefdruckgebieten einhergeht. Es gibt gelegentliche Aufheiterungen, aber die sind selten. Seien Sie an Wolkenlinien wie in der Mitte des Bildes vorsichtig – sie können starke Windböen und/oder drastische Winddrehungen mitbringen.

S. 24 Während einer anhaltenden Schlechtwetterperiode ziehen Fronten und Tröge durch, die wechselweise für aufgelockerte Bewölkung mit manchmal blauem Himmel und dichte Bewölkung mit Schauern sorgen. Hier zieht eine Kaltfront ostwärts (Blick nach Süden), der nur einige hohe Cirrus-Wolken folgen. Als die Front durchging, änderte der Wind mit Sicherheit Stärke und Richtung. Da der Luftdruck sich kaum verändert, ist weiterhin schlechtes Wetter zu erwarten.

Hochsee (Wassertiefe 200 Meter oder mehr)							
Fetch (Seemeilen)	5	10	20	50	100	200	500
3 Bft. (7-10 kn)							
Wellenhöhe (Meter)	-	-	0,3	0,6	0,6	0,6	0,6
Dauer (Stunden)	-	-	4	7	13	24	48
4 Bft. (11-16 kn)							
Wellenhöhe (Meter)	-	0,3	0,6	0,9	1,2	1,2	1,2
Dauer (Stunden)	-	2	3	6	12	22	48
5 Bft. (17-21 kn)							
Wellenhöhe (Meter)	0,3	0,6	1,2	1,8	2,4	2,4	2,4
Dauer (Stunden)	1	2	3	5	11	18	48
6 Bft. (22-27 kn)							
Wellenhöhe (Meter)	0,9	1,2	2,1	3,0	3,9	4,2	4,2
Dauer (Stunden)	1	2	3	5	10	18	36
7 Bft. (28-33 kn)							
Wellenhöhe (Meter)	1,2	1,8	3,0	4,8	5,7	6,0	6,3
Dauer (Stunden)	1	2	2	4	8	12	30
8 Bft. (34-40 kn)							
Wellenhöhe (Meter)	1,5	2,4	4,2	6,9	8,1	8,7	9,0
Dauer (Stunden)	1	1	2	4	6	12	30
9 Bft. (41-47 kn)							
Wellenhöhe (Meter)	2,4	3,6	6,0	9,9	12,0	12,6	11,2
Dauer (Stunden)	1	1	2	3	5	10	24
10 Bft. (48-55 kn)							
Wellenhöhe (Meter)	2,7	4,2	8,1	13,5	15,6	16,8	18,0
Dauer (Stunden)	1	1	2	3	5	10	24

(Diese Zahlen basieren auf Grafiken erschienen in Forecasting Wind-generated Sea Waves. Darbyshire and Draper, Engineering.)

Wie man Tiefdruckwetter erkennt

- Starke Bewölkung mit Perioden mit Regen, Niesel oder Schauern, gemischt mit Dauerregen.
- Zwischenzeitliche Aufheiterungen, sodass hohe Wolkenfelder sichtbar werden. Tief ziehende Wolken folgen allerdings schnell.
- Tröge mit niedrigem Luftdruck rotieren um ein fast stationäres Tief und sorgen für eine ständige Abfolge von durchziehenden Fronten.
- Im Sommer treten im Laufe dieser Rotationen immer wieder schwere Gewitter auf.
- Schlechtes Tiefdruckwetter kann tagelang anhaltenden, Besserungen kommen meist nur allmählich.
- Die Sicht ist oft sehr schlecht und kann sich bei niedrigen Wolken und Regen oder Niesel gar zu Nebel entwickeln.

Windrichtung an der Oberfläche	*Wind kam aus...*	*Tiefdruckzentrum sollte...*	*Wind sollte in den nächsten Stunden ...*	*Wetter jetzt*	*Aussichten*
E (meist nur mäßig, kann auch sehr leicht sein)	mehr S, hat rückgedreht auf E.	SW-lich der eigenen Position liegen und auf eine S-liche Peilung ziehen.	bei E-licher Richtung bleiben oder weiter auf NE rückdrehen. Etwas zunehmend.	Verschlechterung von zuvor gutem Wetter mit zunehmend hohen Wolken (Foto S. 28 oder 29). Hohe und mittelhohe Wolken ziehen von S heran. Wenn es gewittrig wird, sieht der Himmel wie auf S. 66 oder 73 aus.	Mehr und tiefer hängende Wolken, Regen oder Niesel. Wenn die Wolken nicht tiefer sinken, geht das Tief etwa 100 bis 200 Seemeilen südlich durch.
SE (meist nur mäßig und manchmal leicht)	W oder SW zuvor, jetzt rückgedreht auf SE.	W-lich der eigenen Position liegen und entweder über die eigene Position hinwegziehen oder N-lich durchgehen.	bei SE bleiben oder bei Zunahme etwas rechtdrehen auf S.	Zunehmend hohe Wolken etwa wie auf Foto S. 29 oder 89. Sieht es aus wie Foto S. 29, gehen Sie zu S. 36. Von SW oder W sollten hohe Wolken heranziehen. Bei gewittrigen Tiefs: siehe oben.	Mit der heranziehenden Warmfront oder Okklusion nehmen die Wolken zu, siehe Fotos S. 28 und 34. Regen und niedrige Bewölkung.
S-lich	möglicherweise W oder SW, jetzt rückgedreht auf S.	NW-lich der eigenen Position liegen und N-lich durchgehen.	bei S bleiben, möglicherweise auf SSE drehen – eventuell bis auf SE –, bevor er später rechtdreht.	Wie oben. Von W oder NW sollte hohe Bewölkung heraufziehen.	Wie oben.
SW bis W	NW oder W.	N-lich der eigenen Position liegen und weit entfernt durchziehen.	rechtdrehen bei Kaltfronten oder Okklusionen. Neue Richtung wahrscheinlich W bis NW.	Tiefdruckwetter, aber relativ warm mit schlechter Sicht und tiefen Wolken. Darüber hohe und mittelhohe Wolken, häufig als Wolkenflecken. Diese höheren Wolken sollten von SW oder W heranziehen.	Wechsel zu polarer Luft mit Cu- oder Cb- (Schauer-)Wolken. Manchmal kommt dieser Wechsel aber nur sehr langsam.

Vorhersage oder aktuelles Wetter

Das Zentrum eines Tiefdruckgebietes liegt so dicht am Segelrevier, dass dieses voll von ihm beeinflusst wird.

Winde Wenn in der Wettervorhersage von einem nahenden Tief die Rede ist, werden sich die Winde entsprechend verändern. Wir können die in der Tabelle angeführten Wechsel erwarten, die sich gewöhnlich im Vergleich zur Windrichtung vor der ersten Front ergeben. Das Tief aus dem Lehrbuch wird es im Sommer nicht oft geben. Der Wind frischt nur selten bis auf Sturmstärke auf, die meisten Tiefs kommen mit Windgeschwindigkeiten um 4 Bft. oder weniger daher.

S. 28 Schnell durchziehende Tiefdruckgebiete machen sich am Himmel oft so bemerkbar: Unter einer feinen Schicht aus hohen Cirrus-Wolken verdichten sich tiefer ziehende Wolken als Vorboten einer Warmfront oder einer Okklusion. Der Wind dreht dabei gewöhnlich rück auf Süd und könnte zunehmen. Die dunklen Wolken sind die Reste von Schönwetter-Cumuli.

Barometer	*Später...*	*Bemerkungen*
ist wahrscheinlich langsam gefallen. Fällt es schnell, geht das Tief wahrscheinlich genau über Sie hinweg. In diesem Falle wird der Wind zunehmen – vielleicht sogar vorübergehend bis auf Sturmstärke.	typische Tiefdruck-Dreher, als Rückdrehung auf N oder NW hinter dem abziehenden Tief. Das Wetter wird langsam besser und kühler. Die Sicht verbessert sich.	Tiefs ziehen häufig an Küstenlinien entlang wie zum Beispiel im Englischen Kanal. Die meisten Tiefs tendieren zu einer Zugrichtung von W nach E. Allerdings kommt es in der Nähe ausgeprägter, blockierender Hochdruckgebiete auch zu Rückläufern. In solchen Fällen wird der Wind von E auf NE oder von N auf E oder SE drehen. Zieht das Zentrum eines Tiefs direkt über Sie hinweg, ist der typische Ablauf SE – Flaute oder variabler Leichtwind im Kern – Zunahme aus dem westlichen Quadranten.
langsam fallend (etwa 1 bis 2 hPa pro Stunde). Schneller Fall (3 hPa pro Stunde) deutet auf ein sich vertiefendes Tief mit Winden bis Sturmstärke hin.	typische Tiefdruck-Dreher. Rechtdrehend auf SW oder W bei der Passage von Fronten oder Trögen, NW wenn das Tief abzieht.	Diese Windrichtung ist typisch vor einem im Norden des Segelreviers durchgehenden Tiefdruckgebiet. Üblich in Nordamerika und Europa.
wie oben.	wie oben.	Diese Windrichtung ist ebenfalls typisch für die Tiefs der gemäßigten Breiten.
ist wahrscheinlich gefallen, bewegt sich zurzeit jedoch kaum. Wenn es weiter fallen sollte, ist vorübergehend mit sehr schlechtem Wetter zu rechnen.	bessere Bedingungen nach dem Durchgang der Fronten und der (eventuell) nachfolgenden Schauer. In dieser Phase erwarten Sie einen Himmel wie auf Foto S. 19 oder 24.	Kommt der SW-Wind über See an die Küste, bringt er hohe Luftfeuchtigkeit und produziert viele Wolken. Zieht der SW über Land hinaus auf See, kann er warm und trocken sein, manchmal ähnelt er aber mit seiner Wärme und Feuchtigkeit auch den Verhältnissen in südlichen Seegebieten.

S. 29 Dies ist der klassische Himmel als Vorbote von Starkwind oder Sturm. Hohe Wolken (Cirren) verteilen sich in parallelen Bahnen über den Himmel, sind aber noch zu dünn, um die Thermik zu stoppen, die die Cumuli darunter erzeugt. Diese lösen sich auf, wenn sich die Höhenwolken verdichten.

Windrichtung an der Oberfläche	*Wind kam aus...*	*Tiefdruckzentrum sollte...*	*Wind sollte in den nächsten Stunden ...*	*Wetter jetzt*	*Aussichten*
W bis NW	SW.	nach E abgezogen sein.	frontbedingt von W auf NW oder gar bis auf N drehen. Wenn diese Dreher ebenfalls bereits durchgegangen sind, sind durch Tröge Winddrehungen mit Schauern zu erwarten (Foto S. 81). Wenn es noch tief ziehende Wolken und Regen gibt, ist mit Aufheiterungen und rechtdrehendem Wind zu rechnen.	Für einige Zeit Regen und Schauer, während die Kaltfront abzieht. Die Bewölkung reißt auf und setzt sich aus hohen Wolken und tiefen Cumuli zusammen. Wenn die Front bereits abgezogen ist, klärt sich das dann kältere Wetter mit Cu und Cb. Wenn hinter einer abziehenden Kaltfront hohe Wolken von SW heranziehen, wird das Wetter deutlich besser (Foto S. 24).	Wenn der Wind während des Durchgangs von Fronten und Trögen auf W bleibt, wird die polare Luft auf sich warten lassen. Deutliche Winddrehungen bei Frontdurchgang lassen kalte Luft und Schauer erwarten. Sinc diese Bedingungen bereits eingetreten, wird sich das Wetter allmählich aufheitern.
N bis NE (NE ist im Rahmen von Tiefs ungewöhnlich.)	1) W bis NW.	ist von N oder NE der eigenen Position in Richtung SE gezogen.	kaum drehen, kann allerdings für einen längeren Zeitraum deutlich zunehmen.	Blauer Himmel gepaart mit kräftigen Schauern (siehe Foto S. 93). Keine großen Veränderungen, wenn hohe Wolken von N heranziehen. Kommen sie allerdings aus E, verschlechtert sich das Wetter mit tiefen Wolken und Regen oder Niesel.	Langsame Besserung von Schauern zu gutem Wetter.
	2) SE bis E	lag im Süden und zieht jetzt nordöstlich der eigenen Position ab.	Das vorüberziehende Zentrum des Tiefs sorgt für rückdrehenden Wind. Meistens keine Zunahme der Windgeschwindigkeit.	Bedeckt mit zeitweisen Schauern oder Niesel (Foto S. 24).	Nur allmähliche Wetterbesserung, vielleicht am folgenden Tag.

Barometer	*Später ...*	*Bemerkungen*
war bereits tiefer als jetzt, sollte langsam steigen. Steigt es schnell, kann es auch kurzfristig zu viel Wind kommen.	besseres Wetter mit guter Sicht, Abklingen der Schauertätigkeit, abnehmender, möglicherweise rückdrehender Wind.	Häufig bildet sich nach dem Durchgang eines Tiefdruckgebietes ein Hochkeil, der manchmal nur einen Tag hält. Rückdrehender Wind ist meist ein Anzeichen für das nächste Tief. Steigt das Barometer stetig, kann das Hoch auch länger anhalten, einige Tage oder sogar einige Wochen.
verändert sich wahrscheinlich kaum. Ein langsamer Anstieg bedeutet besseres Wetter.	Bildet sich ein Hochdruckgebiet aus, bleibt der Wind aus dieser Generalrichtung. Geht nur ein schwacher Hochkeil durch, dreht er rück. Dann ist ein weiteres Tief zu erwarten.	Die N- und NE-Winde bleiben in der Nähe des Tiefs meist gleich. Das Wetter hängt also von Zeit und Position ab.
zunächst etwas fallend, dann langsamer Anstieg, während das Tief abzieht.	Die Bedingungen werden sehr wechselhaft. Es wird jedoch nur zu leichten Schauern kommen. Diese Art von Tiefdruckgebiet auf dieser Zugbahn kann zu Gewittern führen.	

Dreht der Wind von einer Richtung in eine andere und bleibt so für viele Stunden (einen halben, einen ganzen Tag oder einen noch längeren Zeitraum), handelt es sich um eine dauerhafte Drehung. Das kommt vor:

- langsam und mehr oder weniger stetig, wenn sich die Druckverhältnisse ändern,
- schnell und anhaltend, wenn eine Front durchgeht.

Art des Drehers	*Gewöhnliche Ursache*	*Wetter vor Beginn der Drehung*	*Anzeichen kurz vor der Drehung*	*Spätere Anzeichen*
Langsam rückdrehend.	Herannahen eines Troges mit tiefem Druck.	Schön mit einigen wenigen hohen, meist Cu-Wolken. Typisches Himmelsbild (siehe Fotos S. 15, 17, 46).	Cirren über tieferen Wolken (siehe Foto S. 29). Das zuvor eventuell gestiegene Barometer ist nun stetig oder fällt. Meist sehr gute Sicht.	Schicht aus hohen Wolken über sich auflösender tiefer Bewölkung. Das Barometer sollte jetzt fallen.
Rechtdreher an der Front (möglicherweise abrupt).	Durchgang einer Warmfront.	Warmfront: tief ziehende Wolken, Dauerregen, mäßige Sicht. Zuvor Wetterverschlechterung vor Warmfront.	Sehr niedrige Wolkenuntergrenze. Meist Dauerregen. Der Fall des Barometers kann sich verlangsamen.	Noch ziehen einzelne Wolken sehr tief. Hinter den dunklen Wolken erkennt man die ersten Aufheiterungen.
Rechtdreher an der Front (wahrscheinlich abrupt).	Durchgang einer Kaltfront.	Kaltfront: Warmsektor-Wetter mit vielen Wolken in allen Höhen. Hohe Luftfeuchtigkeit, schlechte Sicht, Nebel möglich.	Normalerweise keine signifikanten Anzeichen vor dem Durchgang einer aktiven Kaltfront. Plötzliche Schauer und Regen deuten allerdings auf die nahe Front hin.	Unmittelbar hinter der Front sieht man ein dunkleres Wolkenband, dahinter folgen tiefe Wolken aus Luv. Wolken ziehen in unterschiedliche Richtungen. Plötzliche Schauer und Regen.
Rechtdreher an der Front (normalerweise nicht abrupt).	Durchgang einer okkludierten Front.	Die gleichen Vorzeichen wie bei einer sich nähernden Warmfront. Es kann allerdings zu Löchern in der Wolkendecke kommen (Foto S. 22).	Wie bei einer Warmfront, aber ohne Warmlufteinbruch. Der Regen einer Warmfront wechselt zur Schauertätigkeit einer Kaltfront.	Charakteristika von Warm- und Kaltfront, allerdings nicht so ausgeprägt. Der Luftdruck bleibt vor der Front stabil und steigt anschließend.
Rechtdreher an der Front (oft schwach ausgeprägt und manchmal kaum wahrnehmbar).	Durchgang einer alten, schwachen Warmfront oder Okklusion.	Okkludierte Front: wie bei einer Warmfront.	Bildung von Wolkenschichten ähnlich wie vor einer ausgeprägten Warmfront, möglicherweise leichter Regen oder Niesel.	Der Dreher kommt, wenn die niedrige Wolkenschicht aufbricht und Löcher mit blauem Himmel zu sehen sind. Manchmal gibt es mit dem Dreher einige indifferente niedrige Wolken (Foto S. 22).
Rechtdreher an der Front (oft schwach, manchmal kaum wahrnehmbar).	Durchgang einer alten, schwachen Kaltfront oder Okklusion.	Kaltfront: Wolkenbänke ziehen auf, nicht sehr starke Regenfälle oder Schauer. Möglicherweise nur ein Band aus Stratocumuli.	Einige tiefe Wolken, möglicherweise Seenebel, in jedem Falle aber schlechte Sicht. Dunklere, tiefer hängende Wolkenlinie am Horizont.	Der Dreher beginnt unter der Wolkenlinie und hält einige Zeit an. Es sollten aufgelockerte Cumuli folgen, kühler.

Verwenden Sie diese Tabelle, um durch Drucksysteme und Fronten bedingte Winddreher frühzeitig zu bestimmen. Sie ist in erster Linie für Segler auf See gedacht, kann aber auch von Binnenseglern genutzt werden. Die Winddrehungen erfolgen im Uhrzeigersinn (Rechtdreher) in den Fronten und fast immer gegen den Uhrzeigersinn (Rückdreher) vor Fronten, Trögen und Okklusionen. (Auf der Südhalbkugel erfolgen die Winddreher umgekehrt).

S. 34 Wenn eine Warmfront naht, verändert sich die Bewölkung allmählich zu dichteren und dunkleren Altostratus-Wolken, hinter denen die Sonne kaum noch zu sehen ist. Der Wind dreht rück auf Süd, und es wird bald zu Regenfällen kommen.

Wahrscheinlicher Wind vor dem Dreher	*Taktische Tipps*	*Anmerkungen*
Leichter bis mittlerer Wind aus W oder NW, auf See eventuell etwas stärker. Bei anderen, eher unwahrscheinlichen Windrichtungen siehe vorhergehende Seite.	Bei einer Kreuz in ein rückdrehendes Windfeld bleiben Sie so lange wie möglich auf Steuerbordbug. Gleiches gilt, wenn möglich, für Strecken vor dem Wind.	Der signifikanteste Rückdreher, der einige Stunden anhält, findet vor einem heranziehenden Tiefdruck-Trog statt. Später allerdings wird der Wind wieder rechtdrehen, spätestens beim Durchzug der Fronten.
SE bis S, mäßig bis frisch. Sturm möglich.	Wenn Sie auf Steuerbordbug in einen Rechtdreher hineinsegeln, kommt es zu einem Abbacker. Wenden Sie also vor dem Dreher auf Backbordbug und bereiten Sie sich bei einem schnellen Dreher auf Anluven vor.	Der Dreher einer Warmfront ist meist nicht so ausgeprägt wie der einer Kaltfront – allerdings sollte man diese Aussage wie die meisten meteorologischen Regeln nicht als allgemeingültig auffassen.
SW mäßig bis frisch, kann Sturmstärke erreichen. Je ausgeprägter die Wettersituation, umso signifikanter die Kaltfront und der mit ihr einhergehende Winddreher.	Rechnen Sie bei einer ausgeprägten aktiven Front mit einem Dreher von 90 Grad oder mehr. Er kommt unter der Kante der ersten tiefen Wolke.	Rechnen Sie mit einer Hochdruck-Situation mit zunehmend warmer Luft. In den folgenden Tagen ist kein Kaltlufteinbruch zu erwarten. Hören Sie Wetterberichte ab und machen Sie eigene Beobachtungen.
Schwieriger einzuschätzen als bei einer Warmfront, gewöhnlich aber S-liche Winde. Die Windgeschwindigkeit ist mäßig oder noch flauer, wenn die Okklusion älter ist.	Die gleiche Taktik wie bei einer Kaltfront, die gesamte Drehung wird allerdings eine relativ lange Zeit in Anspruch nehmen – rechnen Sie mit ein bis zwei Stunden.	Der Dreher an einer Okklusion ist die verzögerte Form des Drehers an einer Kaltfront. Okklusionen in der Nähe des Tiefdruckzentrums produzieren ausgeprägtere Winddreher als weiter entfernte.
Der Wind kann aus unterschiedlichen Richtungen kommen, er wird allerdings nicht stark sein, eventuell weniger als 10 kn.	Jede Art von Front produziert so gut wie immer einen Rückdreher davor und einen Rechtdreher danach. Die Dreher können aber mit 10 bis 20 Grad recht unauffällig sein.	Alte Fronten kommen vor allem über Land häufiger vor. Allerdings treten alte Fronten vielfach in Verbindung mit ausgeprägten Hochdrucksystemen auf. Im Sommer kann es zu gewittrigen Warmfronten kommen, wie auf Foto S. 99 zu sehen.
Es gelten die oben genannten Anmerkungen, aber eine schwache Kaltfront richtet sich eher nach den Regeln für Kaltfronten als eine alte Okklusion.	Es gelten die oben genannten Anmerkungen, gehen Sie von ähnlichen Tipps aus wie bei einer aktiven Kaltfront.	Es gelten die oben genannten Anmerkungen. Die Kaltfront kann sich im Sommer zu einer Gewitterfront und, versorgt mit frischer Energie, zu einer gefährlichen Wettersituation entwickeln.

S. 35 Im Verlauf einer Tiefdruck-Wetterlage geht bei Sonnenuntergang ein ausgeprägter Trog durch. Durch die danach auflockernde Bewölkung hindurch verursacht die Sonne einen Regenbogen. Die Szenerie verspricht eine angenehme Nacht.

Eine sehr schnelle Zunahme des Winds (innerhalb von weniger als drei Stunden) von Stärke 3-4 (10-15 kn) auf Stärke 6-7 (25-30 kn) ist im Anschluss an eine Schönwetter-Periode selten. Schwere Sommerstürme brauchen zu ihrer Entwicklung wenigstens 24 Stunden, schwächere Stürme zwischen 6 und 10 Stunden. In jedem Falle muss sich das schöne Wetter verschlechtern wie im ersten der unten vermerkten Fälle beschrieben. Entsprechende Himmelsbilder sind die Fotos S. 29, 34, 22 und manchmal 28.
Andererseits, wenn das Wetter bereits schlecht ist oder schlecht war, kann der Wind nach kurzer Erholung innerhalb kürzester Zeit gefährlich zunehmen. Gewöhnlich ist ein zweites Tiefdruckgebiet der Grund dafür.

Wettertyp	*Geschichte*	*Erste Anzeichen* *24 bis 12 Stunden vor Stärke 6*	*Spätere Anzeichen* *18 bis 6 Stunden vor Stärke 6*
Hochdruck-System. Typisch ist mit Cu halb bedeckter Himmel. Mäßige bis gute Sicht. See gering bis mäßig bewegt.	Durchzug mehrerer Tiefdruckgebiete, jetzt befindet man sich in einem Zwischenstadium, das heißt, das Wetter war bis gestern oder vorgestern schlecht und ist jetzt besser. *oder* Eine Schönwetterperiode, die jetzt Anzeichen von Verschlechterung zeigt, das heißt sonnig und leichter Wind bis vorgestern, einige hohe Wolken gestern, zunehmende Bewölkung heute. Möglicherweise Tendenz zu Gewittern.	Hohe Cirrus-Wolken, typischerweise von NW heranziehend. Diese Wolken bilden lange, zerfaserte Streifen, die an den fliegenden weißen Schweif eines Pferdes erinnern. Häufig keine Anzeichen durch Wind oder Barometer, dass sich ein kräftiges Tief nähert. Flugzeuge hinterlassen dichte Kondensstreifen, die lange stehen bleiben.	Die Höhenbewölkung nimmt zu. Milchiger Schleier aus Cs (Foto S.29 oder S. 89), Sonne oder Mond mit Halo. Der Wind dreht von normalerweise W gegen S. Das Barometer fällt seit einigen Stunden gleichmäßig. Sichtbare Bewegung der hohen Cirren deutet auf Starkwind hin. Auf der Nordhalbkugel ziehen die Cirren aus einer Richtung links (auf der Südhalbkugel rechts) des Oberflächenwindes heran, was auf eine signifikante Verschlechterung hindeutet.
Kühles, mit Schauern durchsetztes Tiefdruck-Wetter mit Haufenwolken.	Eine Front oder ein Trog mit Regen und/oder Schauern ist durchgezogen. Das Barometer war tief und steigt jetzt.	Wenn sich das Wetter nach einem abziehenden Tief bessern soll, müsste es für ein bis zwei Tage Schauer geben (Fotos S. 84 und S. 102). Wenn die jetzigen Schauer schnell nachlassen, ist Wind zu erwarten.	Das Barometer steigt schnell. Der zuletzt starke Wind lässt schnell nach (z. B. von Stärke 6 bis 8 auf Stärke 3 bis 4). Einige hohe Schichtwolken. Wenn das Schauerwetter anhalten wird, sollte es kaum hohe Schichtwolken geben.

Am Rande eines Hochdruckgebietes, das sich über einen längeren Zeitraum gehalten hat und sich nicht bewegt, kann es mit Heranziehen eines Tiefs zu Wind in Sturmstärke kommen – bei blauem Himmel. Das Wetter sieht absolut nicht wie auf Foto S. 22, sondern eher wie auf Foto S. 50 oder S. 92 aus.

Anmerkung Die beschrieben Anzeichen gelten für Tiefs in mittleren Breiten, nicht für tropische Tiefdrucksysteme.

Kurzfristige Anzeichen 8 bis 2 Stunden vor Stärke 6	*Kurzfristige Anzeichen 4 bis 1 Stunde vor Stärke 6*	*Bemerkungen*
Der Wind dreht nun definitiv rück auf S. Das Barometer fällt jetzt schneller. Die Sonne verschwindet hinter grauen Wolkenansammlungen. Die Bewölkung nimmt beständig und ohne Unterbrechungen zu. Aus einer Richtung zwischen dem Oberflächenwind und der Zugrichtung der hohen Wolken nimmt die lange Dünung immer mehr zu.	Der Wind legt zu und wird frisch. Der Wind hat den Rückdreher beendet. Unter den höheren grauen Schichtwolken bilden sich niedrige Wolken (siehe Foto S. 34). Regen ist möglich. Das Barometer fällt schnell. Wenn es in den letzten drei Stunden mehr als 8 bis 10 hPa gefallen ist, ist mit Sicherheit ein Sturm im Anmarsch. Der Wind nimmt zu und bringt Regen. Achten Sie auf eine tief heranziehende, solide Wolkenbank. Der Wind nimmt meist an dieser Linie zu (Foto S. 22).	Wenn sich gutes Wetter verschlechtert, dann geht dieser Prozess nach einer längeren Schönwetterperiode langsam vor sich. In einer Pause zwischen zwei Tiefs läuft die Entwicklung bereits etwas schneller ab. Sehr schnell kann es unmittelbar nach dem Durchzug einer Front gehen, wenn das Barometer zunächst stark steigt. »First rise after low foretells a stronger blow.« (Schneller Druckanstieg nach dem Tief kündigt starken Wind an, siehe Abschnitt weiter unten.)
Der Wind dreht schnell rück. Das Barometer ist beständig oder fällt bereits wieder. Die Haufenwolken werden von Schichtwolken verdrängt. Langer Schwell im gesamten Seegebiet, eventuell Kreuzseen.	Alle Anzeichen für ein weiteres Frontensystem mit Wind typischerweise aus S oder SW, niedrige Bewölkung. Schnelle Bildung eines bleiernen Himmels Das Barometer fällt schnell, der Wind nimmt zu.	Anzeichen für schlechtes Wetter hinter einem abziehenden Tief deuten meist auf ein weiteres Tiefdrucksystem mit einer massiven und schnellen Verschlechterung hin. Diese wird jedoch oft überbewertet, weil der Wind schnell zunimmt, weil sich Kreuzseen bilden und weil man jetzt Wetterbesserung erwartet.

Immer wenn der Wind nur noch leicht bis mäßig weht, können lokale Winde die Herrschaft übernehmen. See- und Landwind sind die bekanntesten lokalen Windsysteme in Küstenregionen, in hügeligen Gegenden herrschen anabatische und katabatische Winde vor und lenken den vorhergesagten Wind weit aus seiner Richtung. In Gegenden mit Bergen und Tälern sind an den Seen lokale Winde bekannt, die sich täglich immer nach dem gleichen Muster verändern und deshalb leicht vorhersagbar sind.

Zusätzliche lokale Effekte treten aufgrund der Topografie auf und es ist nur Kennern der örtlichen Gegebenheiten möglich, die Auswirkungen von küstennahen Vorgebirgen und Buchten oder weiter landeinwärts gelegenen Hügeln und Tälern auf den Wind vorherzusagen. Im Folgenden finden Sie eine Zusammenfassung lokaler Winde und ihrer Effekte. Die Nummerierung bezieht sich auf die Zeichnungen auf den Seiten 40 und 41.

		Voraussetzungen	*Zeit oder Zeitraum*
1	**Seewinde** Leichte bis mittlere Winde, die tagsüber von See nach Land wehen.	• Land wärmer als Wasser • Leichte Morgenbrise • Weniger als halb bedeckter Himmel	In Küstennähe am Vormittag oder frühen Nachmittag bis zum frühe Abend. Setzt sich (wenn überhaupt) während des Nachmittags und Abends landeinwärts durch.
2	**Landwinde** Leichte Winde, die nachts von Land nach See wehen.	• See wärmer als Land • Abends Leichtwind oder Flaute • Wolkenloser Himmel	Von der Abend- bis zur Morgendämmerung. Besonders im Herbst auch über die Morgendämmerung hinaus.
3a	**Katabatische Winde** Bei schönem Wetter von Hügeln herabwehende Winde.	• Abhänge wärmer als Ebenen oder Täler • Morgens Leichtwind oder Flaute • Wolkenloser Himme	Immer wenn Abhänge nicht mehr der Sonne ausgesetzt sind – ab Nachmittag oder Abend die ganze Nacht.
3b	**Anabatische Winde** Bei schönem Wetter die Hügel hinaufwehende Winde.	• Abhänge kälter als Ebenen oder Täler • Abends Leichtwind oder Flaute • Wolkenloser Himmel	Immer wenn Abhänge oder Hügelspitzen oben bereits der Sonne ausgesetzt sind und die unteren Bereiche noch im Schatten liegen. Ab dem frühen Morgen bis auch die unteren Bereiche Sonne erhalten.
4	**Föhnwinde** Trockene, warme Winde in Lee von Bergkämmen.	• Leeseite von Bergketten • Ein stabiler Gradientwind weht über die Barriere. • Wetter besonders schön, extrem gute Sicht.	Föhnstürme können einige Stunden anhalten. Föhnbedingungen können einige Tage anhalten.
5	**Berglückenwinde** Winde, die durch Öffnungen in Bergketten strömen: Mistral – Rhônetal und Umgebung, Levanter – Straße von Gibraltar	• Kalte, massive Luftmassen aus den Bergen • Enges Tal hinter Öffnung in einer Bergkette • Relativ warmes Meerwasser	Hält im schlimmsten Fall mehrere Tage an.

Windgeschwindigkeit/-stärke	*Jahreszeit*	*Vorkommen*	*Sondereffekte*
4 bis 14 Knoten an den meisten Küsten, 14 bis 24 Knoten in Nordafrika und einigen Mittelmeerküsten.	Frühjahr, Sommer (Herbst und manchmal Winter im Mittelmeer).	Strände, flache Küsten, manchmal bis 50 Seemeilen landeinwärts. Hügel bis 300 Meter Höhe bilden kein Hindernis.	Drückt die Wolken aus dem Küstenbereich, es bilden sich Seewind-Fronten.
1 bis 6 kn. Stärker, wenn Täler den Wind leiten.	Das ganze Jahr über, vor allem in Herbst und Winter.	Flache Küsten, landeinwärts liegende Hügel verstärken durch katabatische Winde.	Ermöglichen küstennahes Segeln in ansonsten flauen Nächten. Manchmal gibt es in Küstennähe Schauer.
1 bis 6 kn. Stärker, wenn Täler den Wind leiten.	Das ganze Jahr über, vor allem in Frühjahr und Herbst.	Hügel- und Bergtäler, Ebenen am Fuße von Berghängen, flache Küsten und wenn Hügel landeinwärts liegen.	Ziehen im Winter kalte Luft in Täler. Führen zu Frost in Senken. Füllen Täler am Morgen mit Dunst oder Nebel.
Einige Knoten.	Das ganze Jahr über, vor allem in Frühjahr und Herbst.	Hügel- und Berghänge, Seen usw.	Unterstützen Seen- und Talwinde.
Vorwiegend 14 bis 20 kn, kann Sturmstärke erreichen. Frischt sehr schnell auf.	Sturmstärke vor allem im Winter, tritt aber das ganze Jahr über auf. Bis zu 30 bis 40 Mal pro Jahr möglich. Im Frühjahr am häufigsten.	Nordseite der Alpen, östlich der Pyrenäen, an skandinavischen Bergen, östlich der Rocky Mountains.	Produzieren Wärme, Trockenheit, lösen Wolken auf, nachteilige physiologische Wirkung. Föhnstürmen gehen oft linsenförmige Wolken voraus. Meist extrem gute Sicht.
Kann Sturmstärke erreichen. Der Mistral weht an 30 Tagen pro Jahr mit mehr als 33 kn, an 100 Tagen mit mehr als 21 kn.	Vor allem im Winter und Frühjahr, tritt aber ganzjährig auf.	Mistral: Rhônetal und Löwengolf, Einflussbereich Perpignan bis Genua.	Böiger Wind unter meist blauem Himmel. Bäume im unteren Rhônetal wachsen schief nach SE.

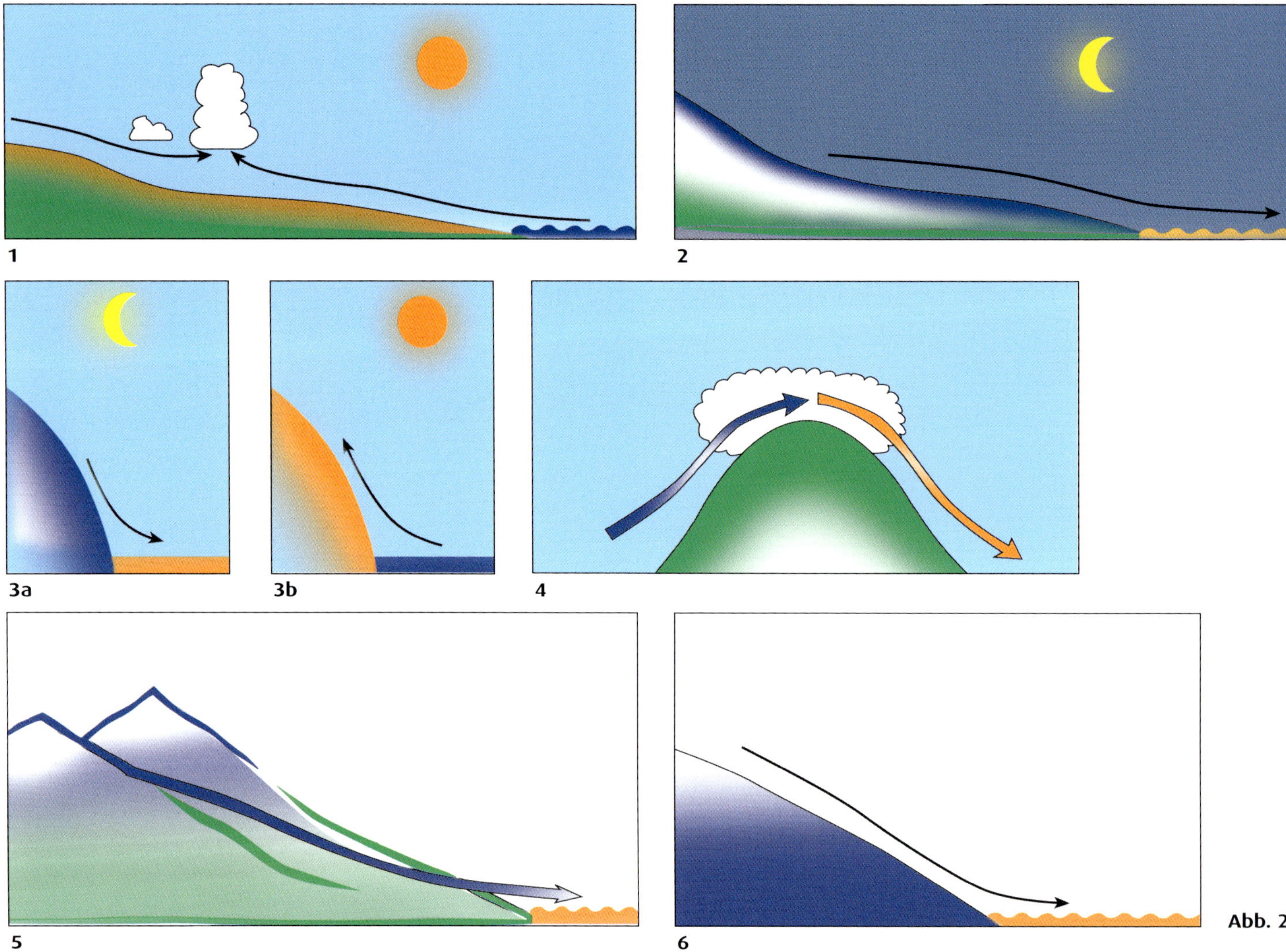

Abb. 2

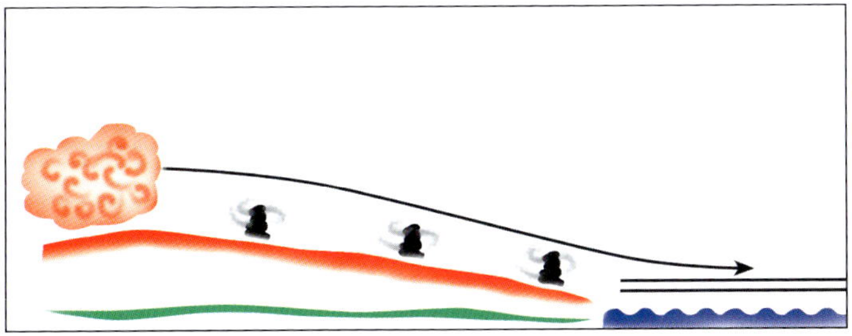

7

8a 8b

9

Zeichenerklärung

- neutrale Oberfläche
- ziemlich warm oder heiß
- heiß
- ziemlich kühl oder kalt

Abb. 2

10

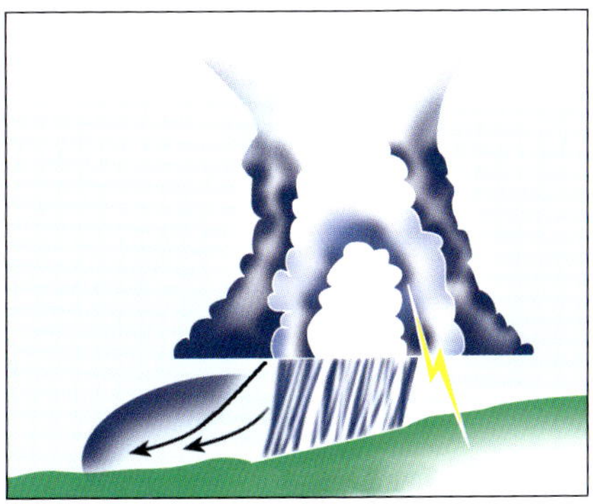

11

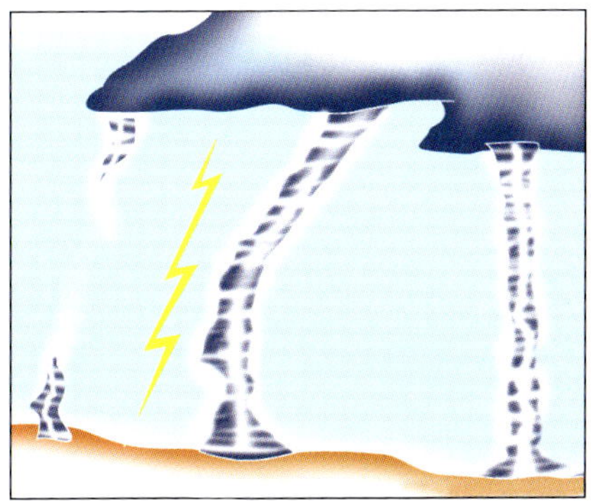

12

		Voraussetzungen	*Zeit oder Zeitraum*
6	**Küsten-Fallwinde** wehen von steilen Küsten auf die warme See, z. B. die Bora in der nördlichen Adria und an den nördlichen Kaukasus-Küsten des Schwarzen Meeres, Vardarac in der Ägäis.	• Hohe, schneebedeckte Berge, deren Fuß direkt an die warme See grenzt. • Kalte, instabile Luftströmung von Land auf See.	Halten normalerweise ein bis zwei Tage an.
7	**Wüstenwinde** wehen aus Wüstengebieten auf See hinaus, warm, trocken und diesig. Transportieren oft Sand und Staub. Scirocco – ganzes Mittelmeer.	• Heiße, trockene Wüstengebiete, die an die kältere See grenzen. • Ausgeprägte Tiefdruckgebiete	Können mehrere Tage anhalten.
8a	**Bergwinde** wehen aus Bergtälern in die Ebenen.	• Ebenen wärmer als Täler • Leichte Abendwinde • Geringe oder keine Bewölkung • Unterstützung von katabatischen Winden	Mitternacht bis zum frühen Morgen.
8b	**Talwinde** wehen aus Ebenen die Bergtäler hinauf.	• Täler wärmer als Ebenen • Leichte Morgenwinde • Geringe oder keine Bewölkung • Unterstützung von anabatischen Winden	Mittag bis späten Nachmittag.
9	**Seenwinde** wehen an steilen Uferformationen von Seen entlang.	• Seen mit steilen Küsten, Fjorde usw. • Steile Küsten, von der Sonne unterschiedlich stark aufgeheizt. • Leichtwind oder Flaute	Anabat. Winde wehen vormittags an erwärmten Hängen hinauf, katabat. nachmittags die Hänge hinab. Hängt davon ab, welcher Bereich im Schatten bzw. in der Sonne liegt
10	**Fallstromwinde** werden von Regen- oder Hagelschauern an nahen Berghängen erzeugt.	• Große Cb vor allem über Hügeln • Instabile Luftströmung, oft gepaart mit guter Sicht. • Gefälle von Hügeln zum Talgrund oder See	In bergigen Gegenden zu jeder Zeit, vor allem aber am Nachmittag oder frühen Abend.
11	**Gewitterwinde** entstehen durch Fallströmungen unter einem heraufziehenden Gewitter.	• Gewittrige Bedingungen • Schweres Gewitter im Anzug • Gewitter zieht gegen schwülwarme Winde auf.	Immer möglich, meist nachmittags oder abends.
12	**Rotierende Winde** Tornados, Wasserhosen	• Sehr instabile Bedingungen • Schwüles Gewitterwetter • Starke Gewitter in der Nähe	Meist am späten Nachmittag eines schwülen Tages.

Windgeschwindigkeit/-stärke	*Jahreszeit*	*Vorkommen*	*Sondereffekte*
Starkwind und manchmal Sturm über Küstengewässern.	Winter und Frühjahr. Maximum Dezember und Januar, Minimum Juni.	Nordküsten der Adria, manchmal an der gesamten adriat. Küste. Nördliche Kaukasus-Küsten des Schwarzen Meeres.	Manchmal böiger Sturm unter blauem Himmel in einem bis zu 10 Seemeilen breiten Streifen entlang der Küste.
Mäßig, manchmal stark.	Vor allem im Frühjahr, aber auch im Sommer.	Nordafrikanische Küste über das gesamte Mittelmeer hinweg.	Scirocco kann extreme Hitze bringen und sogar die Vegetation schädigen. Produziert schwüle Hitze an den Nordküsten des Mittelmeeres.
3 bis 10 kn, Maximum unmittelbar nach Sonnenaufgang.	Immer.	Siehe unten – Alpentäler der Schweiz, Rheintäler usw. Über Gletschern immer (Gletscherwinde).	Verstärken im Winterhalbjahr den Frost in diesen Gebieten.
2 bis 5 kn	Immer.	Bergtäler, Hügeltäler. Talwinde treten immer dann auf, wenn sich angrenzende Ebenen schnell abkühlen.	Helfen Dunst und Nebel aus den Tälern zu vertreiben.
1 bis 5 kn an den Kanten. In der Mitte oft Flaute, während der Wind an den Seiten in entgegengesetzte Richtungen weht.	Vor allem Frühjahr bis Herbst.	Eher auf von E nach W als von N nach S gestreckten Seen.	Erzeugen leichte Winde. Blauer Himmel, nachts Dunst oder Nebel. Führen manchmal zu Wolkenbändern über der Seemitte.
Nimmt plötzlich von Flaute oder Leichtwind bis auf Starkwind oder Sturm zu, böig.	Vor allem Frühjahr bis Herbst.	Seen und Täler mit steilen Hängen, die in Richtung instabiler Luftströmungen liegen.	Ausgeprägte und überraschende Sturmböen. Plötzlicher kalt. Hagel usw. fällt, wenn Wind die Hänge hinabgestürzt ist. Wind kommt, aber Regen oder Hagel ziehen nicht aufs Wasser hinaus.
Wie oben. Der Wind weht aus Richtung des Gewitters, 30 bis 40 kn maximal, kann in den USA stärker werden.	Vor allem Frühjahr bis Herbst.	Über Land, besonders in hügeligen Gegenden, wo Wolkenbrüche mit sintflutartigem Regen vorkommen können.	Wie oben, aber ausgeprägte Gewitter können mehrere Stunden anhalten.
Tornados erzeugen unglaubliche Windgeschwindigkeiten und Druckeffekte, weniger schlimm bei Wasserhosen.	Vor allem während der heißen Jahreszeit.	Tornados bilden sich besonders gern an Hügelketten, die parallel zur Windrichtung liegen.	Selten, aber zerstörerisch. Kommen vor allem im US-Binnenland vor, aber auch in Europa und über dem Mittelmeer, manchmal bei blauem Himmel.

Um lokale Windeffekte besser verstehen zu können, teilen wir die zu einer Küstenlinie parallel verlaufenden Land- und Seegebiete in »Windbereiche« ein. Die Grafik (rechts) zeigt die Ausdehnung der Bereiche und wie wir sie bezeichnen.
Diese Einteilung in Zonen ist notwendig, um die See- und Landwindeffekte differenziert beschreiben zu können. Der Seewind ist eine komplizierte Angelegenheit, man kann ihn aber verstehen und Gesetzmäßigkeiten erarbeiten, wenn man zunächst feststellt, in welchem Bereich man sich befindet.

Hochsee-Bereich: Damit sind Seegebiete gemeint, die von Hochsee-Rennyachten und Blauwasserseglern befahren werden. Jollen und kleinere Fahrtenyachten sind dort nur selten unterwegs. Der von Druckunterschieden geprägte Gradientwind ändert Stärke und Richtung aufgrund von Verlagerungen der Druckgebilde. Trotzdem können Seewinde unter bestimmten Bedingungen bis in die Hochsee-Zone reichen.
Küsten-Bereich: Dort sind die meisten Fahrtenyachten unterwegs. Wenn sich über der Küste selbst Seewinde entwickelt haben, beeinflussen sie fast immer auch die Küsten-Zone. Es ist die Grenze der nächtlichen Landwinde, die den reinen Gradientwind hier nur noch selten beeinflussen.
Ufer-Bereich See: In dieser Zone finden sich Motorboote, kleine Fahrtenyachten und Jollen, die, z.T. auch vom Strand aus, zum Vergnügen oder in Dreiecks-wettfahrten segeln. Winddreher treten bei Tag und Nacht besonders häufig auf. Hier entwickeln sich die Seewinde und dehnen sich im Laufe des Tages land- und seewärts aus. Topografisch abgelenkte Winde dominieren in unmittelbarer Landnähe. Hier treten die nächtlichen Landwinde am häufigsten und stärksten auf.
Strand-Bereich: Das landeinwärts des Ufers gelegene Gebiet, das Buchten, Flussmündungen und Häfen einschließt und wo sich wahrscheinlich die meisten seglerischen Aktivitäten abspielen. Meist handelt es sich um ein ebenes Gebiet mit sich anschließenden Hügeln, die allerdings auch 15 Kilometer und mehr entfernt sein können. Hier weht der Seewind, wenn er sich entwickeln kann. Manchmal reicht er nicht über diesen Streifen hinaus, obwohl er normalerweise bis zu 20 oder 30 Kilometer landeinwärts weht, wenn die Stärke des Gradientwindes einen Seewind überhaupt zulässt (Foto S. 2, S. 83).
Wie in der Ufer-Zone besteht auch in der Strand-Zone die größte Wahrscheinlichkeit für Windänderungen, ausgelöst durch See- und Landwinde oder aus anderen Gründen.
Küsten-Bereich binnen: In diesem bis zu sechs Kilometer breiten Streifen entwickelt der auflandige Wind zum Teil Charakteristika, wie sie über der See nicht auftreten. Dazu gehört zum Beispiel die Böigkeit. Hier bilden sich auch die Frontensysteme von Seewinden aus, wenn sie sich gegen ablandige Winde durchsetzen müssen. Auch ziehen Regenschauer, die sich über den warmen Küstengewässern bilden, immer wieder einige Kilometer landeinwärts. Insgesamt jedoch handelt es sich um einen Bereich an Land, der von der angrenzenden See nicht beeinflusst wird.
Binnenbereich: Ab einer gewissen Entfernung vom Ufer verlieren Seewinde an Einfluss und sind nur noch bei besonders günstigen Bedingungen spürbar. Hier kommt es häufig zu Wechseln zwischen Flauten und unbeständigen Winden, die sich unter den Fronten der Seewinde bilden, wenn diese ein Stück landeinwärts gezogen sind. Unter optimalen Voraussetzungen kann der Seewind bis zu 20 Kilometer landeinwärts wehen, in extremen Fällen ist er bis zu 75 Kilometer vom Ufer entfernt spürbar. Der Landbereich wird von Land- und Seewinden dominiert, die zu den warmen Strömungen führen, wie man sie tagsüber an Land so oft erlebt.

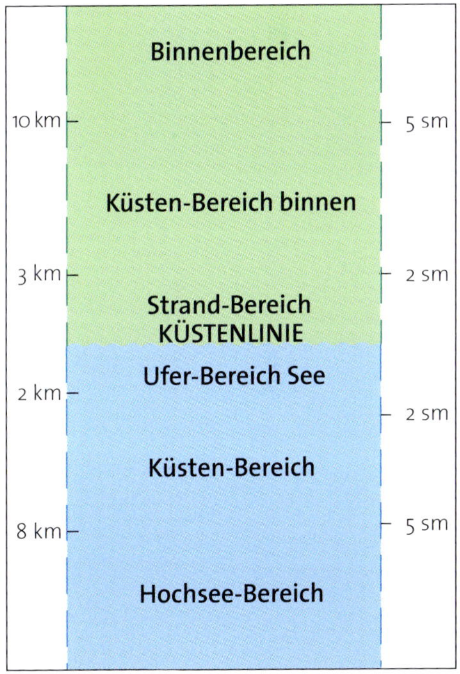

S. 44 Wenn sich die Abendflaute einstellt, entwickeln sich katabatische Strömungen, die von den Hügeln hinab in die Täler streichen. Manchmal kann man sie – wie hier – am Rauch eines Feuers erkennen.

Wer in einer morgendlichen Flaute dahintreibt, weiß, dass er spätestens am Nachmittag mit wenigstens etwas Wind rechnen kann. Der Grund dafür ist die normale Veränderung der Windgeschwindigkeit während des Tages, die so genannte tägliche Schwankung.

Die tägliche Schwankung folgt der Sonne. Steht sie hoch am Himmel, ist der Wind am stärksten, wenn sie allmählich untergeht, nimmt auch der Wind ab. An den Küsten sind die Windgeschwindigkeiten kurz vor Sonnenauf- und kurz nach Sonnenuntergang am geringsten.

Niedrige Wolken – vor allem Cumuli – tendieren dazu, dem gleichen Muster zu folgen. Nach klaren und kalten Morgenstunden entwickeln sich bis zum Nachmittag immer mehr Cumuli, die sich dann bis zum Abend wieder auflösen, sodass es nachts wieder klar wird. Bei ruhigem Wetter neigt auch eine hohe Bewölkung dazu, tagsüber zuzunehmen, obwohl das nicht immer nach den genannten Regeln geschieht.

Beide Phänomene, die Zunahmen der Windgeschwindigkeit und der Bewölkung, entwickeln sich aufgrund der tagsüber zunehmenden Erhitzung der Landmassen durch die Sonne. Auf der offenen See gibt es keine vergleichbaren Schwankungen. In den unteren Schichten der Atmosphäre nimmt die Windgeschwindigkeit mit der Höhe zu, weil der Wind über der Oberfläche durch Reibung abgebremst wird. Wenn sich Cumuli bilden, zeigt das, dass die unteren Schichten durch aufsteigende Luft durchgemischt werden und so stärkere Winde aus den höheren Schichten zur Oberfläche gelangen können – der Oberflächenwind nimmt zu. Lösen sich die Wolken auf, gibt es keine Durchmischung mehr, die Reibung nimmt wieder zu und der Wind lässt nach.

An der Grafik lässt sich erkennen, dass der Tagesgang zunächst von der Erwärmung beziehungsweise Abkühlung der Landmassen abhängt. Dadurch nimmt die Windgeschwindigkeit erst zu und dann gegen Abend wieder ab. Auch der Seewind an den Küsten kommt so zustande. Winde über Seen, an Berghängen und in Tälern im Landesinneren wehen dagegen bei Tag und bei Nacht. In Küstennähe kommt es nachts zu Landwinden.

Der Tagesgang wird allerdings auch vom Gradientwind beeinflusst. Ein starker Gradientwind hat sehr großen Einfluss, allerdings spürt man die tageszeitlichen Unterschiede in der Windgeschwindigkeit selbst noch bei Gradientwinden der Stärke 6 bis 8. Zu berücksichtigen ist jedoch, dass ziehende Drucksysteme unterschiedliche Windgeschwindigkeiten verursachen, die nicht zum normalen Tagesgang passen. Vom Tagesgang abweichende Zu- und Abnahmen der Windgeschwindigkeit deuten darauf hin, dass das lokale Wettergeschehen sich verändert.

Die auf den nächsten Seiten abgedruckte Tabelle ist für Bedingungen gedacht, die für die meisten Segler ideal sind – nicht zu viel Wind, Sonnenschein oder wenigstens eine aufgelockerte Bewölkung. Je nach Tageszeit und Seegebiet lassen sich mögliche Einflüsse auf den Wind ablesen. Detaillierte Informationen finden Sie jeweils ganz rechts in jeder Zeile.

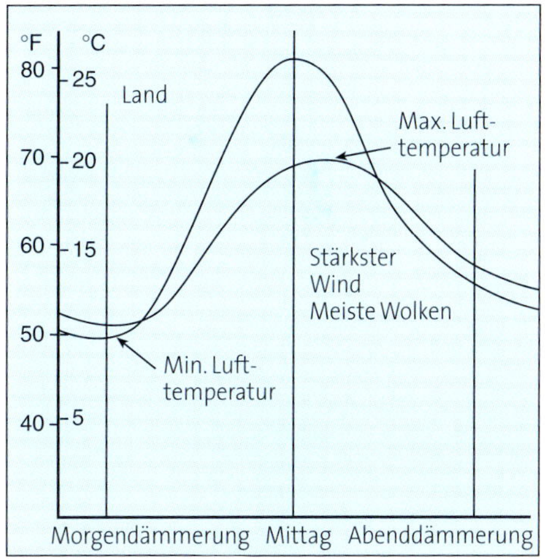

S. 46 Noch liegen die bunten Segel der Windsurfer vor dem Start zu einer wichtigen Wettfahrt am Strand. Die Flaggen zeigen eine leichte Brise an, die von Land nach See weht, und die von rechts heranziehenden Cumuli deuten darauf hin, dass ein normaler Tagesgang zu erwarten ist. Das Segelrevier jedoch liegt links, sodass ein Seewind mit unvorhersehbaren Drehern und Flautenlöchern die Teilnehmer frustrieren könnte.

Die folgenden Beispiele beziehen sich auf gemäßigte Breiten mit Windgeschwindigkeiten zwischen Flaute und 15 Knoten in den Sommermonaten (April bis Oktober).

- »Morgenwind« bezieht sich auf die Brise, die nach Sonnenaufgang, aber vor dem Seewind einsetzt.
- Wählen Sie Zeit und Gebiet und lesen Sie, was Sie an Wind erwarten können.
- Frische Winde werden weniger von lokalen Winden, sondern eher von der Topografie beeinflusst.
- Mäßige Winde können noch von Seewinden beeinflusst werden, von nächtlichen Landwinden jedoch meist nicht.

Binnenbereich mehr als 15 km landeinwärts	Morgenflaute oder Zeit der geringsten Windgeschwindigkeit.	Die nächtliche Inversionslage (warme Luft unter kalter) kehrt sich um und an der Oberfläche kommt Wind auf.		Es weht ein Gradientwind, der bis 15.00 Uhr zunimmt. Unter optimalen Bedingungen ist der Seewind zu spüren.
	Bergwinde wehen die Hänge hinab.		Talwinde wehen die Hänge hinauf.	
Küsten-Bereich binnen zwischen 5 bis 6,5 und 15 km landeinwärts	Morgenflaute oder Zeit der geringsten Windgeschwindigkeit.	Aus der Flaute entwickelt sich eine Morgenbrise.	Der Morgenwind (Gradientwind) setzt sich durch und nimmt allmählich zu. Nach Flaute am Morgen kommt der Seewind mit Drehern.	Der Gradientwind weht, kann aber vom Seewind überdeckt werden besonders, wenn es früh mit weniger als 8 kn geweht hat.
Strand-Bereich bis 4 bis 6,5 km landeinwärts	Morgenflaute oder Periode des schwächsten Windes. Reste des nächtl. Landwindes.	Morgenwind oder schwache Seebrise nach Flaute.	Morgenwind, wenn es mit mehr als 8 bis 10 kn weht. Bei Windgeschwindigkeiten von 1 bis 5 kn handelt es sich um Seewind mit Drehern.	Weht es mit 12 bis 15 kn, handelt es sich um Gradientwind. Bei weniger als 10 kn setzt sich Seewind durch (wenn die Voraussetzungen dazu erfüllt sind).
	Bei starker Brise handelt es sich um Gradientwind.			
GENERELLE KÜSTENLINIE	04 örtliche Sonnenzeit (24 Stunden)	06	08 10	12 14
Ufer-Bereich See bis 2 sm seewärts	Morgenflaute. Zeit des schwächsten Windes, wenn er von Land kommt.	Morgenwind von Land, sonst überwiegt der Gradientwind.	Seewind-Flaute bei schwachem oder leichtem Wind von Land. Ist dieser schwächer als 4 bis 6 kn, setzt sich gegen Ende des Zeitraumes Seewind durch.	Der Seewind weht oder lenkt andere Winde in Richtung Land ab. Auflandige Winde werden durch den Seewind verstärkt. Nach einem Morgenwind von 10 bis 15 kn kann es Flautenlöcher geben.
	Noch nächtlicher Landwind?			
Küsten-Bereich zwischen 2 und 5 bis 10 Seemeilen seewärts	Gradientwind (auflandig oder ablandig). Nächtlicher Landwind (nur ablandig).		Der Gradientwind setzt sich durch, manchmal vom Seewind dominierte Bereiche in Küstennähe.	Der Seewind legt zu, wenn der Gradientwind nicht mit mehr als 12 bis 15 kn weht.
		Ablandiger Morgenwind nimmt zu, Dreher sind wahrscheinlich.		
Hochsee-Bereich mehr als 10 Seemeilen seewärts	Ein ablandiger Gradientwind ist eher schwach.		Wenn es nicht völlig flau ist, handelt es sich um Gradientwind. Gegen Ende des Zeitraumes kann sich eine auflandige Brise durchsetzen.	Der Seewind kann zu Flauten führen und an Tagen mit guten Seewindbedingungen später drehen.

Anmerkung Durch Gewitter, Tornados oder Wirbelstürme erzeugte Winde sind zwar selten, können aber zu jeder Tages- und Nachtzeit auftreten und die Regie über lokale Winde übernehmen.

Seewinde können an manchen Abenden 65 bis 80 Kilometer landeinwärts wehen. Wenn nicht, weht der Gradientwind, nimmt dann ab. Größte Wahrscheinlichkeit von Gewitter-Winden.	In hügeligen Gebieten treten katabatische Winde auf (Foto S. 44). Wenn nicht, weht der Gradientwind, der allerdings schwächer als tagsüber ist. Druckanstieg oder –abfall deutet oft auf stärkeren Wind am folgenden Tag hin. Bergwinde wehen die Hänge hinab.	
Ein Seewind kann sich durchsetzen, bei Fronten sind Flauten möglich. Bei mehr als 15 kn handelt es sich um Gradientwind.	Der Gradientwind lässt nach. Auf Seewind folgt Flaute, bevor sich der nächtliche Landwind entwickelt und gegen Mitternacht auffrischt.	Der nächtliche Landwind hat sich durchgesetzt, lässt aber nach bis manchmal hin zur Flaute am frühen Morgen. Gradientwinde sind jetzt am schwächsten.
Der Seewind besteht noch einige Zeit, lässt aber nach, gegen Ende des Zeitraumes kann es zur Flaute kommen.	Flaute oder schwache Winde. Gegen Ende der Periode setzt der nächtliche Landwind ein (wenn er stärker ist als der Gradientwind). (Foto 18) Nächtliche Landwinde sind an steilen Küsten stärker.	Der nächtliche Landwind weht am stärksten (leicht bis mäßig), lässt aber vor der Morgendämmerung nach. Ist der Wind stärker, handelt es sich um Gradientwind. Jeder auflandige Wind ist druckbedingt.
16 18	**20 22**	**24 02 04**
Noch weht der Seewind, lässt aber nach. Flaute an der Küste, die eventuell vom Gradientwind aufgelöst wird. Zunehmender Wind ist gewöhnlich druckbedingt.	Abendflaute oder schwacher Wind. Gegen Ende des Zeitraumes setzt sich der nächtliche Landwind durch. Alles andere ist Gradientwind.	Der nächtliche Landwind weht am stärksten. Kommt der Wind von See, handelt es sich um Gradientwind. Eine mehr als leichte Brise von Land setzt sich aus Landwind und Gradientwind zusammen.
Der Seewind lässt nach, es kommt zur Flaute. Falls vorhanden, setzt sich der Gradientwind durch.	Gradientwind oder nächtlicher Landwind gegen Ende des Zeitraumes.	Der nächtliche Landwind weht mit einigen Knoten. Sonst handelt es sich um Gradientwind, der jetzt aber am schwächsten ist. Gegen Ende der Periode kann es zu Morgenflauten kommen.
Der Seewind kann noch wehen und später zu Flauten führen. Ansonsten Gradientwind.	Gradientwind. Ein sehr leichter Gradientwind kann in klaren Nächten zu nächtlichem Landwind werden. Normalerweise aber steht nur ein Gradientwind.	

Fast immer kommt es an Küsten zu Seewinden (auflandige Winde am Tage).
Die Ufer- und Küstenbereiche, in denen die meisten Segler unterwegs sind, werden am stärksten vom Seewind beeinflusst. Weht der Wind allerdings von Land oder parallel zur Küste, sind signifikante Winddreher zu erwarten. In taktischer Hinsicht ist es wichtig zu erkennen, wann sich ein seewindbedingtes Frontensystem bildet (siehe S. 58).
In den folgenden Tabellen gehen wir davon aus, dass es sich um Tage mit Seewind handelt. Sie enthalten Hinweise auf mögliche Abweichungen, allerdings kann nicht jeder Seewind nach Zeit und Revier genau vorhergesagt werden. Einige lassen sich jedoch vorhersagen, sodass Sie aufgrund der Hinweise die Tage erkennen können sollten, an denen es mit einiger Sicherheit zu Seewinden kommen wird.
Ein Seewind-Tag ist ein klarer Tag mit blauem Himmel, an dem sich Cumuli am besten bilden. Der Wind weht mit weniger als 8 kn über Land (10 bis 12 kn über See). Wenn die Morgenbrise von Land nach See weht, kommt es zu starken Drehern (Fotos S. 50 und 80).
Seewind-Fronten, vergleichbar mit kleinen Kaltfronten, bilden sich zwischen einem morgendlichen schwachen oder leichten ablandigen Wind und dem Seewind, der sich auflandig entwickelt (siehe Abb. 3, S. 52). Eine derartige Front ist an dem Wolkenband zu erkennen (Fotos S. 57 und 60). An trockenen Tagen kann ein solches Band die einzige Bewölkung im Küstenbereich sein. An anderen Tage, wenn sich überall Cumuli bilden, teilt eine Seewind-Front den Himmel im Küstenbereich. Der seewärtige Bereich bleibt weitgehend wolkenfrei, über Land bilden sich Gruppen von Cumuli. Seewind-Fronten bilden mehr oder weniger durchgehende Wolkenbänder parallel zur Küste, die zunächst mit rund 3 kn, später am Nachmittag mit 6 bis 8 kn landeinwärts driften. Die Front schiebt so den ablandigen Wind zurück und sorgt für Winddreher, die bis zu 180 Grad erreichen und ohne Vorwarnung auftreten können, wenn der schwache ablandige Wind plötzlich durch den stärkeren Seewind abgelöst wird.
Manchmal ist der Wechsel aber nicht so ausgeprägt und es kommt zu Flautenzonen zwischen den Windsystemen. An Bord kann man gleichzeitig die folgenden Dinge erleben:
- Segeln vor dem Wind in der seewärtigen Zone.
- Segeln vor dem Wind in die entgegengesetzte Richtung in Küstennähe.
- Absolute Flaute direkt unter der Seewind-Front.

Wer auf Binnengewässern in Küstennähe segelt und die von See heranziehende Seewind-Front erkennt, weiß im Voraus, dass es zu einem Winddreher kommen wird, dessen endgültige Richtung mit einiger Wahrscheinlichkeit vorhergesagt werden kann. Er kommt dann meist aus einer Richtung rund 20 Grad weiter links als der Verlauf der Küstenlinie. Dieser Wind liefert dann keine taktisch hilfreichen Dreher mehr (siehe S. 74).
Küstennahe Windänderungen aufgrund von Seewind-Einflüssen treten an vielen Sommertagen auf. Dazu ein Beispiel: Wenn ein frischer Wind annähernd parallel zur Küstenlinie weht, wird er vom Seewind nicht genau auflandig beeinflusst werden können, sondern im Tagesverlauf immer weiter in eine auflandige Richtung gedreht.
Auflandiger Morgenwind an Seewind-Tagen wird verstärkt und kann am Nachmittag auf doppelte Stärke auffrischen. Seine Richtung kann sich bis rechtwinklig zur Küstenlinie verändern.
Seewind-Küsten sind meist nach Osten oder Süden ausgerichtet, das Hinterland besteht oft aus ebenem Gebiet und anschließenden flachen Hügeln. Dort bilden sich Seewind-Fronten sehr schnell aus und ziehen weit ins Landesinnere. Auch dehnt sich der Seewind weit seewärts aus. Bei vorherrschend westlichen Winden treten Seewind-Fronten hier verstärkt auf und sorgen im Tagesverlauf sehr wahrscheinlich für Windänderungen.
Die Stärke des Seewindes erreicht in Breiten zwischen 40 und 60 Grad Nord 10 bis 15 kn, in subtropischen Regionen 25 bis 30 kn.
An Seewind-Nachmittagen wird der Wind langsam immer weiter nach links drehen.
An Seewind-Abenden herrscht entweder Flaute oder es geht ein nur sehr schwacher Wind, der später vom einsetzenden Landwind abgelöst wird (siehe S. 62).

Auswirkungen des Seewindes auf See

Der Seewind im Ufer-Bereich setzt früher ein als irgendwo sonst. Der Landwind flaut am Vormittag völlig bis hin zu Windstille ab, bevor dann der Seewind einsetzt. Hier treten auch Windänderungen auf, wie sie weiter draußen auf See oder über Land nicht vorkommen.
Der Seewind im Küsten-Bereich setzt langsamer und später ein als im Ufer-Bereich – manchmal erst am frühen oder späten Nachmittag. Bevor er einsetzt, gibt es häufig Flauten.
Der Seewind im Hochsee-Bereich tritt in gemäßigten Breiten nur selten auf, in niedrigen Breiten kommt er dagegen häufig vor.

S. 50 Ein typischer Seewind-Tag an einer Flussmündung in Südengland. An diesem Morgen erkennt man bereits alle Voraussetzungen, die für einen Seewind vor der Mittagszeit wichtig sind. In der Tat hat die Brise die Boote rechts unten bereits erreicht. Die Cu-Bewölkung über dem Binnenland zeigt, dass die für den Seewind wichtige aufsteigende Warmluft bereits aktiv ist.

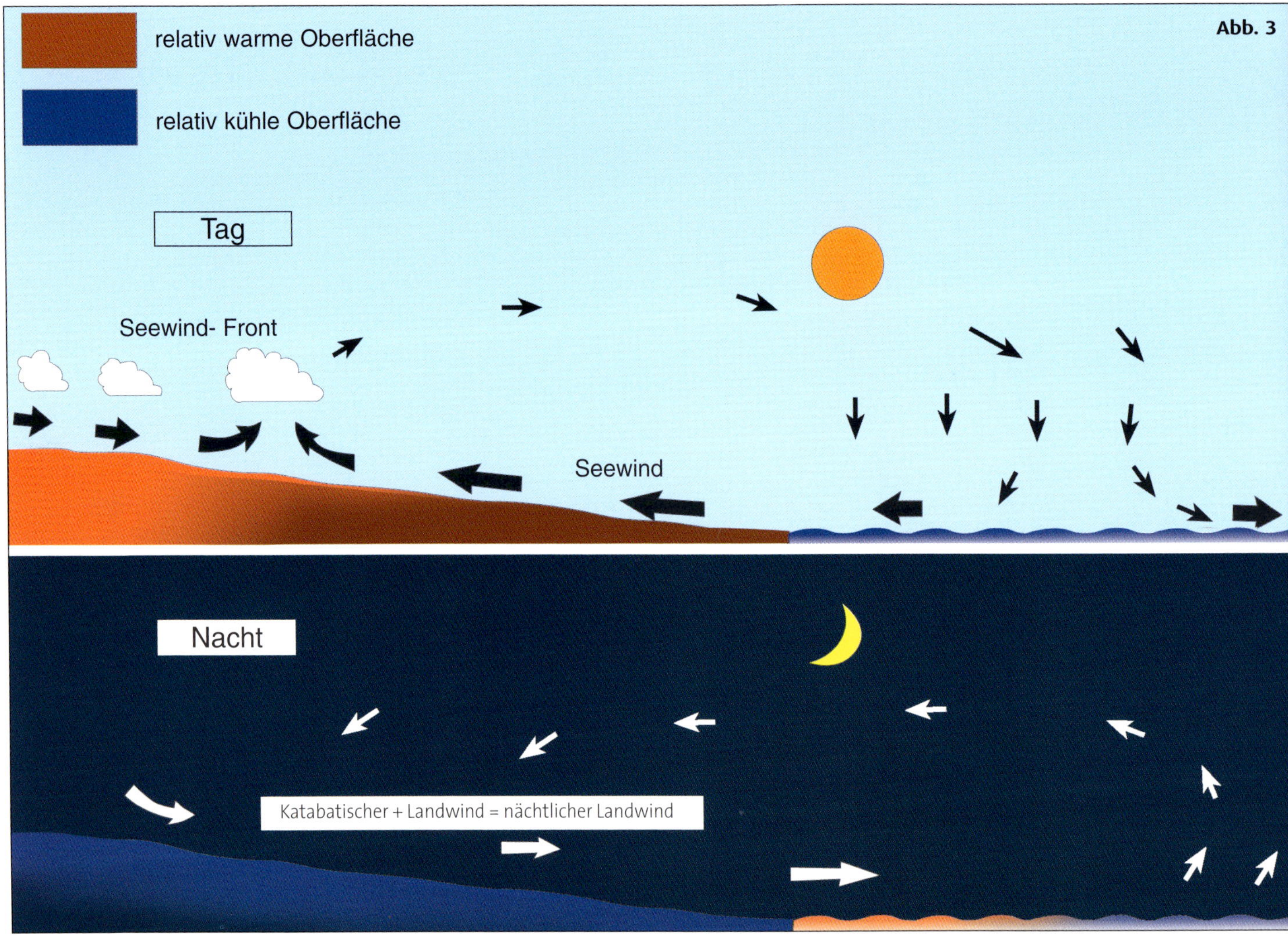
Abb. 3
relativ warme Oberfläche
relativ kühle Oberfläche
Tag
Seewind- Front
Seewind
Nacht
Katabatischer + Landwind = nächtlicher Landwind

S. 53 Weiter landeinwärts dauert es, bis sich der Seewind entwickelt. Hier handelt es sich um eine tief eingeschnittene Bucht etwa 3 km von der Küste, die in Blickrichtung liegt. Die weit entfernten Cumuli haben sich aufgelöst, und das ist bei nur schwachem Wind ein deutliches Anzeichen für den kommenden Seewind.

Ablandiger Wind

Die Tabelle zeigt die Art von Windänderungen, die vom Seewind in den verschiedenen Bereichen parallel zur Küste hervorgerufen werden. Auf dieser Seite geht es um die üblichen Abweichungen eines ablandigen Windes innerhalb eines Winkels von 70° beiderseits eines rechten Winkels von der Küstenlinie aus landeinwärts.

Ablandiger Morgenwind	
Binnenbereich	Der Seewind setzt, wenn überhaupt, erst gegen späten Nachmittag oder am Abend ein. An einem guten Seewind-Tag (schwacher Wind und Cumuli) zieht die Seewind-Front landeinwärts, solange die Sonne genug Kraft hat und erwärmte Luft aufsteigen kann. Morgendliche Änderungen hängen ab von: **1** einem ausgeprägten Gradientwind, **2** lokalen Thermikeinflüssen. Weitere Änderungen am Nachmittag können durch lokale Gewitter oder Stürme ausgelöst werden. Abends setzt sich nach einer flauen Periode der Gradientwind wieder durch.
Küsten-Bereich binnen	Der Seewind setzt im Verlauf des Nachmittags ein. Ablandiger Wind wird hinter eine flaue Zone zurückgedrängt (Seewind-Front) (siehe S. 52). Der Gradientwind kann nach der Dämmerungsflaute am Morgen zu Änderungen führen, anabatische Winde wehen in Richtung landeinwärts gelegener Hügel. Der Gradientwind kommt am Abend meist nur nach einer Flaute wieder auf.
Strand-Bereich	Windänderungen vom späten Vormittag bis zum frühen Nachmittag. Wenn sich die Seewind-Front über dem Strandbereich entwickelt, gibt es Flauten, die dann landeinwärts ziehen. Der Seewind kann so lange nicht landeinwärts wehen, bis sich die Front gebildet hat und über Land driftet. In diesem Bereich treten viele Seewind-Effekte auf. Normalerweise legt sich der Seewind gegen Abend, allerdings kann auch der Gradientwind plötzlich wieder auffrischen.
KÜSTENLINIE	
Ufer-Bereich See	Wenn ein leichter Morgenwind weht, flaut er ab und zieht sich am Vormittag bis zum Strand zurück, bei mäßiger Brise erst am späten Vormittag (siehe S. 58). In dieser Zone treten Windänderungen aufgrund des Seewindes am häufigsten auf. Der Gradientwind setzt sich nach einer Flautenperiode erst abends durch.
Küsten-Bereich	Hier kommt es erst im Laufe des Nachmittags zu Änderungen durch Seewind. Der Wind schläft gewöhnlich für eine gewisse Zeit ein und zieht sich ans Ufer zurück. Dieser Flautenbereich zieht im Laufe des Tages seewärts. Der Gradientwind setzt sich abends und bei Flautenbedingungen wieder durch.
Hochsee-Bereich	Windänderungen durch Seewinde treten nur bei schwachem Wind vom späten Nachmittag bis zum frühen Abend auf. In den gemäßigten Breiten ist dies aber nur selten der Fall, weiter südlich öfter. Ein schwacher auflandiger Wind kann bis zu 20 oder 30 sm von der Küste entfernt stehen. Nach schwachen abendlichen Winden oder Flauten setzt sich der Gradientwind wieder durch.

Wind parallel zur Küste

Auf dieser Seite sind die Windänderungen beschrieben, die auftreten, wenn der Morgenwind aus max. 20 Grad rechts oder links der Küstenparallele weht. Die folgenden Regeln gelten für typische Seewind-Küsten mit Kaps und Buchten von höchstens 10 Seemeilen Tiefe und einem flachen Hinterland mit anschließenden Hügeln. Dort, wo hohe Ufer überwiegen, wo der Küstenverlauf stark gekrümmt ist und viele Seemeilen tiefe Einschnitte oder Lagunen aufweist, mögen unsere Hinweise nicht im vollen Umfang zutreffen. Auflandige Winde werden nicht behandelt, weil die vorhersehbaren Auswirkungen lediglich in einer mehr auflandigen Drehung und einer Zunahme der Windgeschwindigkeit bestehen.

Morgenwind innerhalb von 20 Grad zu beiden Seiten der Küstenparallele

Der Seewind setzt zwischen Mitte des Nachmittags und dem frühen Abend ein. In diesem Gebiet kann es nur bei schwachem bis mäßigem Wind zu einem Dreher mehr von See kommen. Eine derartige Tendenz wird gegen Abend vom Gradientwind überlagert. Weitere mögliche Einflüsse auf die Morgenbrise sind auf der vorhergehenden Seite beschrieben.

Der Seewind setzt zwischen dem frühen und dem späten Nachmittag ein. Schwache bis leichte Morgenwinde drehen in eine mehr auflandige Richtung und nehmen zu. Bei mäßigem Wind kann es auch zu einer Drehung kommen, die aber nicht sehr ausgeprägt ist.

Der Seewind erhebt sich um die Mittagszeit. Schwacher Wind dreht in Richtung See und frischt auf. Leichter Wind dreht in die Richtung des normalen Seewindes, möglicherweise aber nicht ganz so weit. Ein mäßiger Wind dreht in eher seltenen Fällen bis zu einem Winkel von 40 Grad seewärts von der Küstenlinie, meistens allerdings nicht so weit.

Bei schwachem Wind erhebt sich der Seewind bereits am frühen Vormittag, bei leichtem am späten Vormittag und bei mäßigem am Nachmittag. Die Drehung bis hin zur Seewind-Richtung kann in einem oder in mehreren Abschnitten erfolgen. Bei mäßigem Wind kommt es zu ausgeprägten Drehern.

An der landwärtigen Grenze dieses Bereiches dreht der Wind zwischen dem frühen und dem späten Nachmittag in eine auflandige Richtung. Dieser Effekt setzt sich nur selten bis in den Hochsee-Bereich durch. Bei mäßigem Wind kann die Drehung ganz ausbleiben.

Nur bei schwachem bis leichtem Morgenwind kann sich die Windänderung bis hin zu 20 Seemeilen vor der Küste bemerkbar machen und setzt dann auch erst zwischen Mitte des Nachmittags und dem frühen Abend ein. Im Tagesverlauf besteht die Möglichkeit zu einem mehr auflandigen Wind, der sich aber bereits am frühen Abend wieder dem Gradientwind unterordnet.

Um die Wahrscheinlichkeit von Seewind abschätzen zu können, wählen Sie zunächst Ihr Segelrevier. ⬇ bedeutet, dass Seewind wahrscheinlich ist, ↓ dass er möglich ist. Gehen Sie dann nach unten in das nächste Feld. Bringen Sie die tatsächliche oder vorhergesagte Windgeschwindigkeit ein, dann die Bewölkung und schließlich, wenn sich aus dieser Kombination die Wahrscheinlichkeit eines Seewindes ergibt, schätzen Sie auf Basis der Windrichtung ab, wie der Seewind einsetzen wird.

Fahrtgebiet	*Hochsee-Bereich*	*Küsten-Bereich*	*Ufer-Bereich See*	*Strand-Bereich*	*Küsten-Bereich binnen*	*Binnenbereich*
Distanz in Seemeilen	10 sm seewärts (a) **Nein**	3 bis 10 sm seewärts ↓	0 bis 2 sm seewärts ⬇	0 bis 4 sm landeinwärts ⬇	4 bis 20 sm landeinwärts ↓	20 sm landeinwärts (b) **Nein**
Windgeschwindigkeit (geschätzt gegen 09.00 Uhr)	0 bis 2 Bft. Flau bis schwach, 0 bis 6 kn ⬇	3 bis 4 Bft. Leicht bis mäßig, 7 bis 16 kn ↓		5 bis 6 Bft. Frisch bis stark, 17 bis 27 kn (c) **Nein**	7 bis 8 Bft. Stürmisch, 28+ kn **Nein**	
Bewölkung	Sonnig (schön) ⬇	Sonnige/aufgeklarte Abschnitte (d) ⬇	Teilweise sonnig, teilweise aufgeklart (d) ↓	Leichte Bewölkung (e) **Nein**	Völlig bedeckt (f) **Nein**	
Windrichtung (geschätzt gegen 09.00 Uhr)	Ablandig ⬅ Seewind-Frontensystem	Bei 0 bis 2 Bft. Seewind-Frontensystem parallel zur Küstenlinie, bei 3 bis 4 Bft. Drehung zu auflandigem Wind.			Auflandig ➡ Auffrischend und möglicherweise Drehung zu stärker auflandigem Wind.	

Die oben abgedruckte Tabelle enthält die Möglichkeiten für oder gegen einen Seewind. Vorhergesagte oder die aktuelle Wetterlagen können die Ausbildung des Seewindes erleichtern oder erschweren. Wenn aus der Tabelle vormittags ersichtlich wird, dass ein Seewind wahrscheinlich ist, überprüfen Sie das anhand der folgenden Tabelle:

Wetter	*Kleine Cumuli*	*Schauer*	*Gewitter*	*Nebel/schlechte Sicht*	*Regen/Niesel*	*Zunahme hoher Bewölkung*	*Auffrischender Wind*
	Wenn über der Küste, helfen die Cumuli.	Über Binnenland Unterstützung, über Küste meist Ende des Seewinds.	Vor- und nachmittags unterbrechen sie den Seewind, kann später wieder einsetzen.	Verhindert den Seewind. Flaute an der Küste.	Beendet den Seewind. Schwächt ihn ab, wenn nur von kurzer Dauer.	Stört den Seewind zunächst. Beendet ihn, wenn die Zunahme anhält.	Bei 4 Bft. oder mehr wird der Seewind ausgeschaltet.

Anmerkungen

- a Ruhiger Morgen: leichter, zum Land gerichteter Zug möglich. In niedrigen Breiten kann er auffrischen.
- b Landeinwärts gerichtete Brise an einem ruhigen Morgen ist kein See-, sondern Ebenenwind.
- c Seewind nur in niedrigen Breiten möglich. Gehen Sie in den nächsten Bereich.
- d »Abschnitte« = mehr Sonne als Wolken; »Teilweise« = mehr Wolken als Sonne.
- e Bei spürbarer Erwärmung und leichtem Wind: Seewind, Auflösen der Bewölkung.
- f Wenn Küste bedeckt, weiter landeinwärts klar, kann Seewind sich bei schwacher Brise durchsetzen.

S. 57 Landeinwärts der Küste kann man oft die heranziehende Seewind-Front sehen. Hier sind wir etwa 24 Kilometer von der Küste entfernt, in deren Richtung wir blicken. Wir können die See hinter dem hügeligen Gebiet wegen des Dunstes, einer typischen Begleiterscheinung der Seewind-Front, kaum ausmachen. In diesem Beispiel ist die Front klar zu erkennen, weil die Bewölkung davor und dahinter nur gering ausgeprägt ist.

Wenn Sie anhand der vorhergehenden Tabellen zu dem Ergebnis gekommen sind, dass sich der Seewind durchsetzen wird, bleibt die taktisch entscheidende Frage, wann er einsetzen könnte. Sie müssen deshalb seine begleitenden Vorzeichen erkennen können. In Breiten zwischen 40 und 60 Grad setzt sich der Seewind selten gegen eine ablandige Brise durch, die gegen 09.00 bis 10.00 Uhr LSZ (Lokale Sonnenzeit) schon mit mehr als 8 bis 10 kn weht. Aus Beobachtungen an einer guten Seewind-Küste wie im Süden Englands kann man auf die lokale Sonnenzeit seines Einsetzens an vergleichbaren Seewind-Küsten schließen.

Zeit, zu der der Seewind einsetzen sollte

		Windgeschwindigkeit auf See, gemessen gegen 09.00 bis 10.00 Uhr					
Bereich	*Flaute*	*1–2 kn*	*2–4 kn*	*4–6 kn*	*6–8 kn*	*8–10 kn*	*10–14 kn*
Binnen-Bereich	Immer schwacher Wind zum Land.	80 km landeinwärts gegen 20.00-22.00 Uhr 65 km landeinwärts gegen 19.00-21.00 Uhr 50 km landeinwärts gegen 18.00-20.00 Uhr 30 km landeinwärts gegen 16.00-17.00 Uhr		An optimalen Seewind-Tagen und an einer guten Seewind-Küste.			
Küsten-Bereich binnen	*(Übliche Zeiten für etwa 15 km landeinwärts der Küste)*						
	12.00–13.00 Uhr	13.00–14.00 Uhr	14.00–15.00 Uhr	14.00–17.00 Uhr	Normalerweise nicht möglich.		
Strand-Bereich	*(Übliche Zeiten für etwa 5 km landeinwärts der Küste. Rechnen Sie mit 1 bis 2 Stunden früher an der Küste selbst.)*						
	10.00 Uhr	11.00 Uhr	12.00 Uhr	13.00–14.00 Uhr	15.00–16.00 Uhr	Normalerweise nicht möglich.	
KÜSTENLINIE							
Ufer-Bereich See	*(Übliche Zeiten für etwa 1,5 bis 2 sm seewärts der Küste. Rechnen Sie mit 1 Stunde später an der Küste selbst.)*						
	08.00–09.00 Uhr	08.30–10.00 Uhr	10.00–11.00 Uhr	11.00–12.00 Uhr	12.00–14.00 Uhr	Meist kein richtiger Seewind, aber ablandiger Wind am Nachmittag abgeschwächt.	
Küsten-Bereich	*(Übliche Zeiten für etwa 10 Seemeilen seewärts der Küste.)*						
	09.00–11.00 Uhr	11.00–12.00 Uhr	13.00–14.00 Uhr	14.00–15.00 Uhr	15.00–16.00 Uhr	Meist kein richtiger Seewind, aber Wind am Nachmittag abgeschwächt.	
Hochsee-Bereich	*(Übliche Zeiten für etwa 20 Seemeilen seewärts der Küste.)*						
	10.00 Uhr	13.00–15.00 Uhr	15.00–17.00 Uhr	Manchmal abgeschwächter Wind, aber normalerweise kein Seewind.		Normalerweise keine Auswirkung.	

Die vorherige Tabelle zeigt, wann die Seewind-Front kommen könnte. Verwenden Sie die unten angegebenen Hinweise, um sie zu erkennen, wenn sie denn kommt.

Binnen-Bereiche

Es folgen Anzeichen für eine nahende Seewind-Front, unter der die Drehung zu auflandigem Wind stattfindet. In sehr trockenen Luftströmungen kann es vorkommen, dass die Front nicht von Wolken markiert und so die Drehung sichtbar gemacht wird.

Bereich	*Am frühen Vormittag achten Sie auf...*	*In den folgenden Stunden achten Sie auf...*	*Die Seewind-Front ist gekennzeichnet von...*	*Zehn bis zwanzig Minuten vor dem Dreher...*
Strand-Bereich *und* **Küsten-Bereich binnen**	Cu-Wolken, die sich zunächst über Hügeln bilden und sich dann in Richtung See ausdehnen. Auf Morgen mit durchsichtiger Bewölkung oder Dunst können Cumuli und Hitze folgen.	Anzeichen von Cumuli, die sich über der Küstenlinie und der See auflösen (Sonnenschein auf Autos, Yachten, Gebäuden usw. in Küstennähe). Über Land nur halb oder weniger bedeckt. Der ablandige Wind wird im Verlauf des Vormittags noch etwas zunehmen, schwächt sich aber mit nahender Seewind-Front ab.	einer dunkleren und tiefer hängenden, parallel zur Küstenlinie verlaufenden Wolkenlinie, die landeinwärts zieht. Der Wind flaut ab. Aufwärts segelnde Schwalben und Möwen unter der Wolkenuntergrenze. Sonnenschein auf der seewärtigen Seite der Front.	Der Wind flaut allmählich ab. Kleine Böen von Land sind von Flauten durchsetzt, dann einsetzende Windstriche von See. Die Seewind-Front zieht weiter landeinwärts und hinterlässt Wind und strahlende Sonne.
Binnen-Bereich	Tag mit Cu-Wolken und wenig Wind. Es dauert, bis sich der Seewind landeinwärts durchsetzt. Auch bei ausgeprägten Cumuli kommt Seewind.	Anzeichen auf See: Dunst weist auf ungewöhnlich starke Sonneneinstrahlung hin.	Wie oben.	Wie oben.

See-Bereiche

Ein Seewind-System tendiert dazu, die Wolken über küstennahen Gewässern aufzulösen. Das erschwert das Erkennen des Flautenbeginns (vor der Seewind-Front) und des folgenden auflandigen Windes. Es folgen einige Vorschläge.

Bereich	*Am frühen Vormittag achten Sie auf...*	*In den folgenden Stunden achten Sie auf...*	*Die Seewind-Front ist gekennzeichnet von...*	*Der Seewind setzt ein, ...*
Ufer-Bereich See	Cu-Wolken, die sich zunächst über landeinwärts gelegenen Hügeln bilden und dann seewärts ziehen. Sie zeigen aufsteigende Warmluft, die Voraussetzung für die Entwicklung von Seewind. Sonne auf dem Land hilft dem Seewind.	Anzeichen, dass sich der ablandige Wind abschwächt – er sollte jedenfalls nicht auffrischen. Die Cumuli verschwinden und es wird sonniger.	Abschwächung des ablandigen Windes bis hin zu Flaute. An der Wasseroberfläche dunkle Schuppungen, die auf abwärts gerichtete Luftströmung hindeuten. Der Himmel ist klar, oft unregelmäßige und sehr leichte auflandige Windstriche.	wenn sich die Seewind-Front über der Küstenlinie bildet. Große, dunklere Cumuli, die sich über dem Strand-Bereich zu einer Linie formieren. Leichter auflandiger Zug setzt ein, der sich bald zu einer Brise von 4 bis 6 kn oder mehr entwickelt.
Küsten-Bereich	Wie oben.	Im landwärtigen Bereich kann es zunächst wie oben beschrieben aussehen, die Auswirkungen dehnen sich dann allmählich seewärts aus.	Mit zunehmender Entfernung von der Küste setzen die oben beschriebenen Vorzeichen später ein.	Damit sich der Seewind bis hierhin ausweitet, muss sich die Front zunächst kräftig ausbilden.

S. 60 Das typische Wolkenband einer Seewind-Front über dem Binnenland. Die Luftfeuchtigkeit ist höher, deshalb sind mehr Cumuli entstanden, die sich entlang der Front zusammengeballt haben. Die Küste liegt rechts, wo es wie zu erwarten weniger oder keine Wolken gibt. Der Seewind kommt also von rechts, der Morgenwind von links. Unter dem Wolkenband Flaute oder sehr löcheriger Wind.

S. 61 Ein typischer Abend, auf den fast sicher ein nächtlicher Landwind folgen wird. Dieses Gewässer liegt nicht weit von der Küste und es ist totenflau unter klarem Himmel – perfekte Voraussetzungen für Landwind und eine katabatische Strömung vom Hinterland in Richtung See. Mit einigem Wind zu ist rechnen.

Statistiken zeigen, dass an den meisten Küsten während der Sommermonate des Nachts ein ablandiger Wind weht. Damit müssen Yachten auf küstennahen Binnengewässern und Seerevieren rechnen und sie sollten diesen Effekt auch nutzen. Die Tabelle unten zeigt, wie man das Einsetzen des Landwindes aufgrund der Stärke eines entgegengesetzt wehenden schwachen bis leichten Seewindes vorhersagen kann. Dazu ist es wichtig, dass sich das Land auf eine Temperatur unterhalb der des Seewassers abkühlt, wie es besonders im Spätsommer und Herbst geschehen kann.

Küstentopografie	*Vorhersage oder aktuelles Wetter bei Sonnenuntergang*	*Windgeschwindigkeit bei Sonnenuntergang*
Flache Küstenebene mit landeinwärts angrenzenden Hügeln.	Klarer Himmel mit normaler Sicht. Der Sonnenuntergang ist sichtbar oder höchstens von einigen niedrigen Wolken verdeckt. Danach sollte sich niedrige Bewölkung auflösen. Hohe Bewölkung sollte nicht schnell zunehmen. In anderen Worten, alle Vorzeichen für eine schöne Nacht.	Flaute oder leichter Zug mit 0 bis 3 kn.
Wie oben. (Bedenken Sie, dass diese und höhere Windgeschwindigkeiten von einem nächtlichen Landwind verdrängt werden können, wenn höhere und steilere Hügel oder Berge an die Küstenebene angrenzen.)	Wie oben. So können sich das Land und die Berghänge durch Abstrahlung abkühlen. Wenn die Küstenlinie nach Osten oder Süden ausgerichtet ist, gibt es an den Berghängen bereits lange vor Sonnenuntergang keine direkte Erwärmung mehr. Dadurch können früh katabatische Winde erwartet werden.	Schwacher Wind mit 4 bis 6 kn.
Innerhalb weniger Kilometer grenzen große Hügelketten an die Küstenebene. Auch weiter entfernte Berge sorgen für mäßige nächtliche Landwinde und halten sie bis in den Morgen aufrecht, manchmal sogar bis zum frühen Vormittag.	Nichts darf die Wärmeabstrahlung der Landmassen behindern, damit diese Windgeschwindigkeit beeinflusst werden kann. Kühle klare Nächte sind beste Voraussetzung, wenn der Wind nicht auffrischt.	Leichter Wind mit 7 bis 10 kn.
Nur küstennahe Hangwinde wie am Mittelmeer können diese Windgeschwindigkeit tatsächlich beeinflussen.	Eine klare Nacht und diese Windgeschwindigkeit bei Sonnenuntergang schließt einen nächtlichen Landwind aus, es sei denn, der Wind weht ebenfalls ablandig.	Mäßiger Wind mit 11 bis 16 kn.

Aussichten für nächtlichen Landwind	*Segel-Taktik*	*Was kann den Landwind verhindern?*
Wird fast sicher einsetzen. Ein aktueller auflandiger Wind wird weiter nachlassen und völlig aussetzen, bis gegen Mitternacht der Landwind einsetzt und auffrischt. Weht der aktuelle Wind ablandig, wird er zunächst etwas abflauen und dann nachts wieder zulegen.	Gehen Sie so weit unter Land, wie es die Vernunft zulässt, um so viel wie möglich vom Landwind zu profitieren. Vor Kliffs und hohen Küstenbereichen wird der Wind löcherig sein und vor Flussmündungen oder Tälern örtlich auffrischen.	Vorhersage von auffrischendem Wind während der Nacht. Der kann einige Stunden auf sich warten lassen, dann sehr plötzlich einsetzen und den Landwind verdrängen. Wolkenformationen über Land, die die Wärmeabstrahlung verhindern.
Kann einsetzen, weil der Wind im Laufe der Nacht über Land nachlässt, sodass er vom Landwind und katabatischen Winden abgelöst werden kann. Der Landwind kann auch erst nach Mitternacht einsetzen.	Hier gilt das Gleiche wie oben, allerdings wird der bei Sonnenuntergang wehende Wind länger durchhalten. Die Flaute während des Wechsels oder die Drehung zum Landwind kommt erst einige Stunden nach Einbruch der Dunkelheit.	Bei dieser Windgeschwindigkeit kann es sich um einen sich entwickelnden Gradientwind handeln. Achten Sie auf entsprechende Wolken und auf das Barometer. Ist dies der Fall, kann der aktuelle Wind auffrischen und ein Landwind setzt sich nicht durch.
Kann sich an einer ebenen Küstenformation normalerweise nicht ausbilden. Wenn der Wind bei Sonnenuntergang allerdings auflandig weht, wird er über Land schwächer sein; dann evtl. Landwind später in der Nacht. Man muss aber damit rechnen, dass er vor oder kurz nach der Dämmerung einschläft. Weht der Wind bereits ablandig, wird er über Nacht sicher auffrischen.	Der Wind weht stark genug, um das System über einen langen Zeitraum aufrechtzuerhalten, möglicherweise sogar die ganze Nacht. Deutliche Winddrehungen im Verlaufe der Nacht möglich, dann meistens auch Änderung der Windgeschwindigkeit; bei auflandigem Wind nimmt sie ab, bei ablandigem zu.	Bei dieser Windstärke kann sich der Landwind oft ganz einfach nicht entwickeln. Allerdings kann sich der übliche Ablauf bei Winden von steilen Berghängen an der Küste völlig ändern.
Kaum Aussichten, es sei denn, der aktuelle Wind lässt im Laufe der Nacht nach. Wetterbericht beachten.	Ein ablandiger Wind wird in Küstennähe zunehmen, also bleiben Sie dort. Wenn Sie schon weit von Land entfernt sind, brauchen Sie darauf nicht mehr zu achten.	Welche Voraussetzungen ermöglichen einen nächtlichen Landwind? Ein Gradientwind, der im Laufe der Nacht stark abflaut.

Ich kann nur Hinweise zu Winddrehungen geben; jedes Revier muss aufgrund seiner Küstenformation, der Windrichtung in Bezug auf die Küstenlinie und die Stabilität der Luftströmung (ob böig oder nicht) individuell eingeschätzt werden. Lokale Winddrehungen werden durch Objekte an Land oder bei leichtem Wind durch örtliche Erwärmungen beziehungsweise Abkühlungen verursacht. Die meisten Anmerkungen beziehen sich auf alle Windbereiche.

Form der Uferlinie	*Gründe für Winddreher*
Flach oder langsam ansteigend, einige Bäume, aber vor allem offen. Meistens mit anschließender Ebene oder flachem Hinterland. Im Zweifel nutzen Sie diese Hinweise an Küsten kleiner Gewässer.	Lokale thermische Einflüsse oder absinkende Luftmassen bei flauen oder schwachwindigen Bedingungen. Ablenkung (mehr parallel zur Küste) des Windes, der bereits in etwa parallel zur Küstenlinie weht. Wenn ein ablandiger Wind bereits nahezu senkrecht zur Küstenlinie weht, wird er über See weiter hin zur Senkrechten drehen. Ein ablandiger Wind im Bereich von 0 bis 15 kn wird bei meteorologisch stabilen Bedingungen von der Topografie abgelenkt, vor allem zwischen dem Abend und dem frühen Morgen, aber auch an Tagen mit vollständiger niedriger Stratus-Bewölkung. An Tagen mit jeder Form von Cu-Bewölkung sind Ablenkungseffekte weniger signifikant.
Steilküsten und solche, an denen es Kliffs in unmittelbarer Ufernähe gibt. Siehe auch die S. 109 und 111 zu Wind an Seen.	Örtliche thermische Einflüsse wie oben. Es kann zu sehr ausgeprägten anabatischen Winden die sonnenbeschienenen Hänge hinauf oder zu katabatischen Winden von sich abkühlenden Hängen herab kommen. Ablenkungen des Windes, die an steilen Küsten besonders ausgeprägt sind. Ablenkungen an Vorsprüngen beeinflussen vor allem ablandige katabatische Winde. Berg- und Talwinde (fragen Sie Ortskundige); siehe S. 42. Gewitterwinde (abwärts gerichtete Strömungen).
Bewaldete Küsten, die in Windrichtung liegen und sich nicht meiden lassen. Auch Schiffe, Gebäude usw., die dicht passiert werden müssen.	Windbarrieren. Sie können den Wind ablenken, verringern aber vor allem die Windgeschwindigkeit. Lückenhaft bewaldete Küsten bremsen den Wind bis zu einer Entfernung der 5-fachen Höhe am stärksten. Ab einer Distanz, die der 20-fachen Höhe entspricht, hat der Wind wieder seine normale Stärke. Dichte Wälder und enge Bebauung verringern die Windstärke enorm; erst ab etwa der 20-fachen Höhe nimmt der Wind wieder zu. Lücken in dichten Wäldern oder geschlossener Bebauung sorgen für Verstärkung und Ablenkung des Windes. Der durch eine Lücke geströmte Wind breitet sich in alle Richtungen über das angrenzende Wasser aus.

Segeltaktik und Bemerkungen

Rutschen Sie mit aufgeholtem Schwert über die Flachs, um die kleinen thermischen Windstriche zu erwischen, die sich vor einer erwärmten Uferzone mit Schlickgebieten oder Sand und Kieseln bilden. Das ist Flautensegeln. Weiter seewärts kommt es oft zu absinkenden Luftströmungen, die das Wasser verdunkeln und so einen Wind vortäuschen, der nicht existiert.

Auflandiger Wind – Wenden Sie, bevor die Flachs Sie dazu zwingen.
Ablandiger Wind – Segeln Sie in Küstennähe weiter.

Auflandiger Wind – Weiter so.
Ablandiger Wind – Wenden Sie von der Küste weg.

Suchen Sie nach Öffnungen oder Tälern, durch die der Wind heraus- oder hineinwehen wird. Böen aus der Richtung des Gradientwindes (die Richtung, aus der die Wolken ziehen) verringern topografische Ablenkungseffekte; lässt die Bö nach, wird der Wind wieder von der Küstenformation beeinflusst.

Auflandiger Wind morgens vor einer sonnenbeschienenen Küste, abends ablandiger Wind vor einer im Schatten liegenden Küste (katabatisch in diesem Falle, jedoch nicht anabatisch). Wenn zum Beispiel ein Gewässer in Nord-Süd-Richtung liegt, halten Sie sich vormittags an der West- und nachmittags an der Ostseite.

Der Wind neigt dazu, engen Fahrwassern in die eine oder andere Richtung zu folgen, selbst wenn der Gradientwind in einem völlig anderen Winkel dazu weht. Topografische Gegebenheiten lenken den Wind oft stark ab, besonders stark an Flüssen oder Seen mit hohen Ufern.

Im Allgemeinen weht der Wind tagsüber die Täler hinauf und nachts herab.

Gewitter erzeugen extreme böige Fallwinde, die an Hängen hinab auf tiefer liegende Gewässer treffen. Sie sind zum Teil sehr gefährlich.

Peilen Sie über Spitze und Gelenk des Daumens am gestreckten Arm die bewaldete Küste an, um die 20-fache Höhe zu schätzen. Halten Sie diese Entfernung, und Sie werden immer noch rund 80 Prozent der ungestörten Windgeschwindigkeit spüren.
Meiden Sie die Zone der geringsten Windgeschwindigkeit in einem Abstand der 5-fachen Höhe, die Sie mit gestrecktem Daumen und Zeigefinger am ausgestreckten Arm schätzen können. Ist die Küste nur halb bewaldet, steht mehr Wind direkt unter Land, unterhalb der 5-fachen Höhe.

Wo es Lücken in einem dichten Wald oder einer geschlossenen Bebauung gibt, rechnen Sie aufgrund des Düseneffekts mit zunehmendem Wind.

S. 66 Ein warmer und recht feuchter Tag. Der Wind weht mäßig aus Ost, die Haufenwolken sind unregelmäßig angeordnet. Diese Altocumulus-Bewölkung bildet sich durch die Instabilität mittelhoher Luftschichten und ist deshalb häufig Vorbote gewittriger Störungen. Es ist die Art von Tag, an dem die Qualität des Windes – wie wir es nennen – anormal ist.

Das Wetter des Mittelmeeres kann unvorhersagbar und damit gefährlich sein. Die Prospekt-Ansichten mit immerwährendem Sonnenschein und leichten Winden haben nur wenig mit der Realität zu tun. In den Sommermonaten mögen die genannten Verhältnisse zugegebenermaßen weitgehend zutreffen, aber in Frühling und Herbst kann es oft sehr schlechtes Wetter geben.

Tiefdruckgebiete ziehen durch die Straße von Gibraltar und die Rhône-Mündung hinein ins westliche Mittelmeer, aber auch im Golf von Genua bilden sich Tiefs, die dann südöstlich ziehen.

Heftigste Gewitter, enorme Niederschläge, Tornados und Stürme aus den Bergtälern gehören zu den Dramen, die das Theater Mittelmeer zu bieten hat. Außerdem ist dieses Binnenmeer mit seinen hohen Wassertemperaturen von Bergketten umgeben, sodass lokale Winde vorherrschen. Die Abbildung unten zeigt einen Überblick über die wichtigsten regionalen Winde des Mittelmeeres (Abb. 4). Dazu kommen sehr starke Seewinde, die sogar ablandige Winde von 20 kn und mehr umkehren können. Sie treten vor allem vor der nordafrikanischen Küste auf. Solche Seewinde – besonders in der Adria – können in der Tagesmitte sogar starke und stürmische Winde wie die Bora aufhalten, sodass der stärkste Wind nicht etwa am Nachmittag, sondern am Morgen und am Abend weht. Um die Winde in bestimmten Regionen des Mittelmeeres zu verstehen, sind Ortskenntnisse und Erfahrung gefragt; fragen Sie also die dortigen Einwohner!

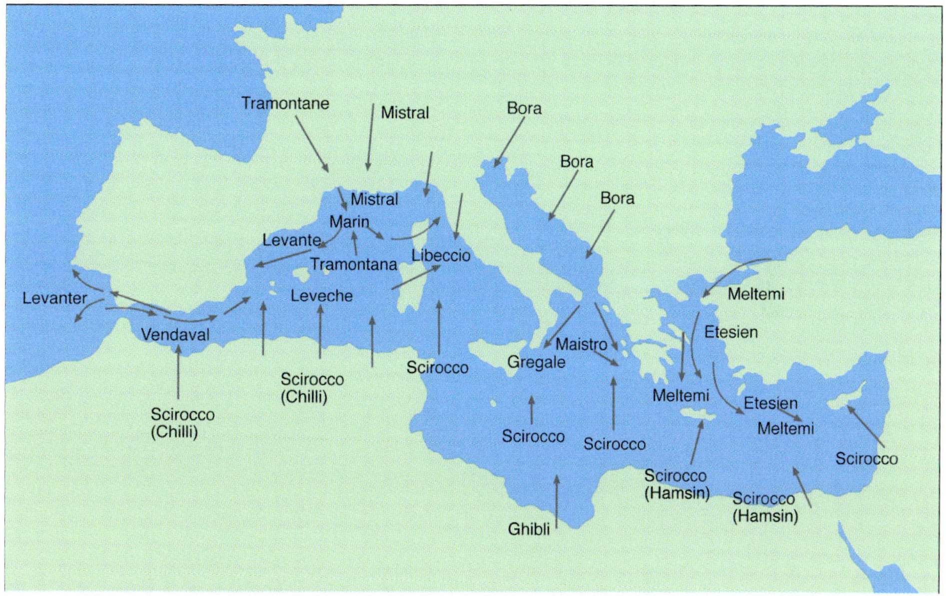

Abb. 4

Die regionalen Winde des Mittelmeeres

Bezeichnungen und Regionen	*Charakteristika*	*Jahreszeit, Ort, Dauer usw.*
Mistral Französische Riviera	Kalt, trocken und oft sehr stark. Manchmal heftige Sturmböen. Hält im Mittel 3 1/2 Tage an, kann aber auch 14 Tage oder nur wenige Stunden dauern.	Vor allem im März, am wenigsten im Oktober/November. Durchschnittliche Mistraltage zwischen Perpignan und Rhône: 113 pro Jahr mit 20 bis 30 kn, 31 pro Jahr mit 30 bis 40 kn.
Maestrale Golf von Genua	Wie oben, mit heftigen Böen im Bereich von Bergschluchten.	Größte Windgeschwindigkeit gegen 10.00 Uhr im Sommer, 12.00 Uhr im Winter. Erreicht an 10 bis 15 Tagen/Jahr Sturmstärke.
Maestral Südfrankreich und Spanien	Bringt meist gutes oder schönes Wetter, gewöhnlich keine Niederschläge.	Wie oben.
Tramontana Balearen	In Herbst und Winter mit Schauern. Wie der Maestral oder Mistral, wenn ihnen die Puste ausgegangen ist.	Wie oben.
Bora Nordküsten der Adria	Starker und kalter NE-Wind aus dem Tal von Triest und von den Bergen herab. Kalt und trocken wie der Mistral. Böen in Sturmstärke kommen ohne Vorwarnung. In der südlichen Adria begleitet von Schauern und Gewittern.	Im Winter am häufigsten, im Juni selten. Kann örtlich begrenzt bleiben, sich aber auch weiträumig ausbreiten. Plötzlich auftretende Stürme. Am stärksten zwischen 07.00 und 11.00, 18.00 und 22.00 Uhr. Nachmittags am schwächsten.
Vardarac Ägäis	Starker, kalter Wind aus den Dardanellen und dem Golf von Varder.	Tritt vor allem in der kalten Jahreszeit auf. Kann sich bis Matapan und Kreta ausdehnen.
Tramontana (wenn aus N) **Greco/Gregale** (wenn aus NE)	Trocken und klar, oft wolkenlos.	Bora vom Apennin, breitet sich über das Tyrrhenische Meer bis nach Korsika und Sardinien aus.
Gregale Zentr. Mittelmeer, Malta, Ionisches M.	Starke NE-liche Winde, aber nicht kalt, da dem Seewasser Wärme entzogen wird. Wetter wie bei einer Bora.	In der kühleren Jahreszeit. Hält im Mittel bis 3 Tage an. In Malta gefährlich. Sturmstärke an etwa 2 Tagen pro Jahr.
Maistro Griechische Westküste, Ionisches Meer	Wind aus N bis NE, sonst handelt es sich um den Gregale.	
Etesien Ägäis, Rhodos, türkische Küste	Abkühlende NE-Winde in der nördlichen Ägäis, aus N in der mittleren und südlichen Ägäis. Trocken. Gute Sicht, anhaltend blauer Himmel. Zwischen den Inseln örtlich Sturmstärke.	Erste Vorläufer Ende Mai, Anfang Juni. Die Haupt-Etesien setzen einige Wochen später ein. Sehr gleichmäßiger Ablauf. Können sich über das gesamte Mittelmeer ausbreiten.

Bezeichnungen und Regionen	*Charakteristika*	*Jahreszeit, Ort, Dauer usw.*
Meltemi Türkei	Erreicht zwischen den Inseln örtlich Sturmstärke.	Wie Etesien.
Levante Östliches Spanien	NE-licher Wind, der weit über See kommt, bevor er auf die Küste trifft. Sturmböen und schlechtes Wetter.	Vor allem Herbst bis Frühjahr, dann oft Sturmstärke. Falls ausgeweitete Bora, Starkwind oder Sturm mit heftigen Regenfällen.
Levanter Straße von Gibraltar	E-licher Wind aus der Meerenge.	Das ganze Jahr über, am stärksten im Winter. Kann ohne Pause bis zu 10 Tage durchstehen.
Vendaval Straße von Gibraltar und Alboran-Kanal	W oder SW aus der Meerenge. Starke Regenfälle, tiefe Wolken, schlechte Sicht. Heftige Sturmböen und Gewitter.	Vor allem in der kühlen Jahreszeit. Besonders häufig in Oktober/November sowie Februar/März. Reicht bis zu den Balearen.
Libeccio Italien und angrenzende Seegebiete	W oder SW. Heftige Sturmböen und hoher Seegang vor Korsika. Sehr warme und trockene Stürme im Sommer.	Im Westen Italiens ganzjährig üblich. Stark im Winter. Kann sich bis zur Adria ausdehnen. Gefährlich an der Küste von Istrien.
Scirocco Mittelmeer	Diese Winde entwickeln sich über den Wüstengebieten Nordafrikas. Sorgen über Malta für hohe Luftfeuchtigkeit mit Nebel und tiefer Bewölkung. Warm und feucht im Golf von Genua. Der Wasserstand kann dort um bis zu vier Meter steigen, bevor ein Scirocco-Sturm Genua erreicht.	An der nordafrikanischen Küste an durchschnittlich 5 Tagen im Monat. Lufttemperatur kann auf über 38°C steigen. Gelegentlich schwere Sandstürme. Der Ghibli tritt am häufigsten im Frühjahr auf (siehe Abb.4).
Chili Marokko, Algerien, Tunesien	Wie oben.	Wie oben.
Hamsin Ägypten	Wie oben.	Wie oben.
Leveche Südost-Spanien	SE-liche bis SW-liche trockene Winde, die Staub mitführen.	Vor allem im späten Frühjahr und im Frühsommer.
Marin Löwengolf	Warm und feucht, viele tiefe Wolken, Regen und schlechte Sicht.	Fast so häufig wie der Mistral.

Windqualität

Der Begriff »Windqualität« beschreibt, wie der Wind schwankt. Wind hat immer eine mittlere Richtung und eine mittlere Geschwindigkeit; der Wetterbericht gibt nur diese an. Yachten bekommen aber niemals einen stetigen Wind, sodass die mittleren Werte nur Anhaltspunkte sein können. Segler müssen mit der Windqualität umgehen, also mit den Schwankungen in Richtung und Geschwindigkeit. Diese Schwankungen treten regelmäßig oder unregelmäßig auf.

Regelmäßige Winde schwanken in einem sich wiederholenden Muster, sodass der Steuermann vorausschauend agieren kann. Die Schwankungen müssen von einer gewissen Dauer sein, um sie taktisch nutzen zu können. In der Praxis sollte jede Schwankungsphase wenigstens eine Minute oder länger durchhalten.

Normale Windqualität hat ihre Ursache in *Böen-Zellen* (Abb. 5). Das sind eigenständige Bereiche, die sich im eigentlichen Windfeld bewegen und gewöhnlich durch Cumuli gekennzeichnet sind. An der Vorderkante der Böen-Zelle – unter der Vorderkante der Cumuli – sind zunächst ein Rechtdreher (im Uhrzeigersinn) und eine Bö zu erwarten. Wenn die Wolke vorbeizieht, dreht der Wind rück und nimmt wieder ab. Zieht eine weitere Böen-Zelle heran, wiederholt sich das Spiel. Böen-Zellen können auch bei trockener Luftströmung auftreten, sodass sich keine Cumuli bilden. Tatsächlich weisen die meisten Luftströmungen wenigstens ansatzweise regelmäßige Schwankungen auf. Allerdings sind die Effekte am stärksten ausgeprägt, wenn sich Cumuli bilden können und der Wind mit Stärke 3 bis 5 weht. Dieses Böen-Zellen-Schema wird außer Kraft gesetzt, wenn die Cumuli so groß werden, dass es zu *Schauern* kommt. Dann wird der Wind vor den großen Wolken oder Wolkenbändern quer zur Windrichtung rück- und nach deren Durchzug rechtdrehen. Die Dreher halten dann 15 bis 30 Minuten an und jeder Schauer führt unter sich seine eigene Zelle mit den beschriebenen Drehungen mit sich. (Auf der Südhalbkugel gelten die Begriffe ›rechtdrehend‹ und ›rückdrehend‹ umgekehrt.)

Bei umgekehrten Temperaturverhältnissen, die das Aufsteigen von Warmluft verhindern, kommt es zu *anormalen Drehmustern* (siehe S. 79). Die Theorie der Böen-Zellen kommt dann nicht zur Geltung, das anormale Muster weist starke Schwankungen auf (und Regelmäßigkeiten, die genau das Gegenteil zu normalen Bedingungen darstellen).

Damit sind die wichtigsten regelmäßigen Windmuster beschrieben, die erkannt werden können. Es mag weitere geben, die allerdings nur sehr viel schwieriger ausgemacht werden können.

Unregelmäßige Winde zeichnen sich durch sich nicht wiederholende Muster aus. Die weitgehend zufälligen Drehungen müssen hingenommen werden, wie sie kommen, eine vorausschauende Taktik wird unmöglich. Zu dieser Gruppe gehören die sehr beständigen Winde, zu denen auch See- und Landwinde zählen. Eine Zunahme der Windstärke von mäßig auf frisch kann aus einem regelmäßigen einen unregelmäßigen Wind werden lassen, weil die wachsende Größe turbulenter Bereiche die Zonen mit aufsteigender Warmluft verdrängt, die ursächlich für die Entstehung von Böen-Zellen sind.

In der Tabelle auf der nächsten Seite wird die Wahrscheinlichkeit von Windmustern definiert, mit denen sich ein Steuermann auseinandersetzen muss.

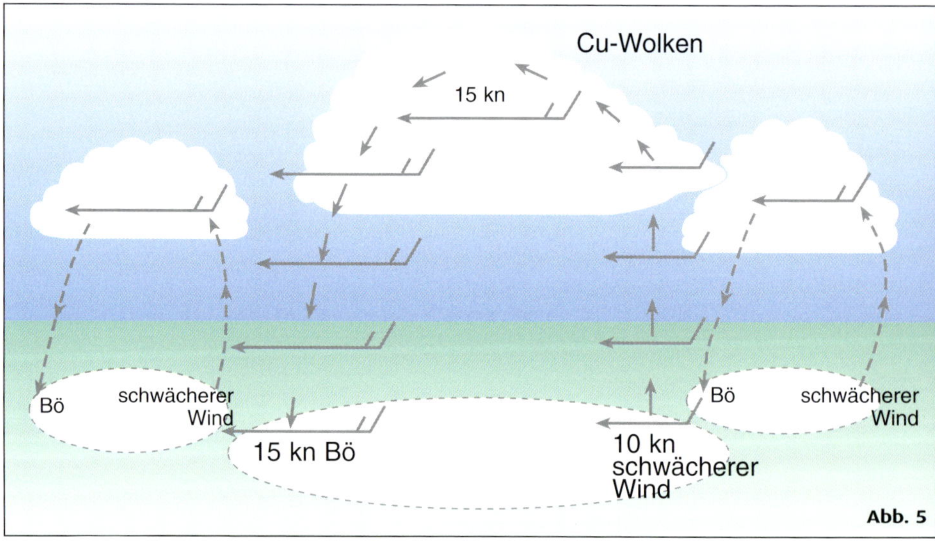

Abb. 5

Größenordnung der Schwankungen

Schwankungen sind meist am stärksten **1** am Vormittag und **2** bei ablandigem Wind.

Kategorie	*Beschreibung*	*Besonders einhergehend mit...*
Hoch	Die Drehungen sind stark, möglicherweise bis 60 bis 90 Grad von Anschlag zu Anschlag. Häufig anormale Drehmuster (siehe S. 79).	Wärme, meist klarem Himmel, aber schlechter Sicht – Tagen mit Sonnenschein und Gruppen hoher Wolken – schwülen Bedingungen vor Gewittern – Zeitraum vor dem Einsetzen des Seewindes gegen die Morgenbrise – E-lichen Windrichtungen.
Mäßig	Die Dreher erreichen 30 bis 40 Grad oder weniger, auf See bei auflandigem Wind häufig auch nur halb so stark. Gewöhnlich regelmäßige Schwankungen.	kalten, polaren Luftströmungen und guter Sicht – Cu- oder Cb-Wolken und durchziehenden Schauern – manchmal klarem Himmel bei trockener Strömung – typischerweise NW-licher Windrichtung.
Niedrig	Die Dreher sind nur gering und manchmal zufällig. Die Luftströmung enthält abends und nachts kaum Turbulenzen.	bedeckten Tagen – Dauerregen, manchmal von Schauern durchsetzt (aber keine Schauer mit Aufklarungen wie oben) – Abenden und Nächten mit ruhigem Wetter – dem sehr frühen Morgen, bevor die Sonne das Land erwärmen kann. Wenn die Sonne wirksam wird, ist mit mäßigen oder starken Schwankungen zu rechnen – Winden aus jeder Richtung.
Zufällig	Dreher werden von der Windgeschwindigkeit und der Stabilität in der Atmosphäre bestimmt. Bei frischem Wind kann es zu mäßigen Schwankungen kommen – zunehmend, wenn sich Haufenwolken bilden.	bedecktem Himmel mit tiefen Wolken und generell bei Tiefdrucklage – mehr als mäßigem Wind, aber völliger Bedeckung; führt zu unregelmäßigen Drehern mit leichterem Wind – keine Anzeichen von Regelmäßigkeiten in der Luftströmung wie bei Cu-Bedeckung – S-licher oder SW-licher Windrichtung.

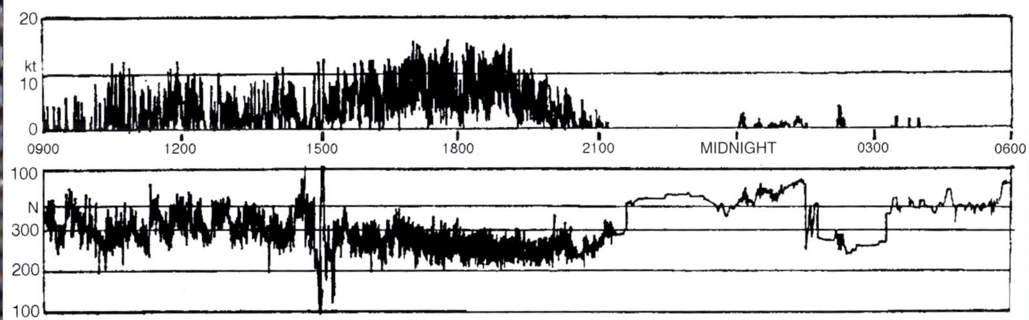

Abb. 6 Dieses Anemogramm zeigt, wie sich der Wind über einem küstennahen Gewässer verhält, wenn es am späten Nachmittag zeitweise zu einem Seewind kommt. Die Schwankungsbreite während des Vormittags und des frühen Nachmittags ist hoch und das Muster ist sehr unregelmäßig. Gegen 14.00 Uhr LSZ nehmen die Schwankungen stark zu. Dieser Vorgang ist sehr selten und ist deshalb in der Tabelle oben nicht klassifiziert worden. Später nehmen die Schwankungen bis zum Abend wieder ab, um gegen 20.00 Uhr kurzzeitig wieder zuzulegen, bevor sie bis nach Mitternacht nur noch gering ausfallen.

Die Reaktion auf ein Windmuster jeder Kategorie wird von der Notwendigkeit diktiert, wenden zu müssen, wenn der Wind abbackt. Diese Taktik kann in allen schwankenden Strömungen angewendet werden, wenn Sie darauf vorbereitet sind, immer mal wieder in turbulente Bereiche zu geraten, die gerade groß genug sind, um auf dem anderen Bug Fahrt aufzunehmen, und dann zurückdrehen, sodass wieder eine Wende erforderlich wird. Die Schwankungen einer solchen regelmäßigen Strömung können grafisch dargestellt werden, sodass eine Vorhersage ermöglicht wird. So vermeiden Sie Wenden bei kurzfristigen Abbackern.

S. 72 Stratocumuli treten nur in stabilen Situationen auf. Unter diesen Wolken kommen Windmuster nur unregelmäßig vor. Es gibt daher nur geringe Chancen auf erkennbare Muster. Nicht zu vergleichen mit Cumuli-Tagen wie auf Foto S. 21 und 46.

S. 73 Kürzer vor dem Gewitter als auf Foto S. 66 haben sich mehr niedrige und mittelhohe Wolken gebildet. Im Hintergrund erkennt man durch den Dunst die oberen Bereiche der Gewitterwolken. Der Himmel zeigt noch das uneinheitliche Bild wie Foto S. 66, die Dunstigkeit ist eine normale Begleiterscheinung von Gewittern. Die Windqualität ist unregelmäßig, aber unter den Cb-Wolken sind heftige und böige Winde zu erwarten.

Die normale, regelmäßige Luftströmung ist mit aufsteigender Warmluft und deshalb mit Cumuli assoziiert. Die Regelmäßigkeit besteht in Rechtdrehern mit der Windzunahme und Rückdrehern bei Windabnahme.

Erkennungszeichen	*Typische Schwankungen*
Blauer Himmel mit verstreuten, kleinen Cumuli. Foto S. 14 und 21 sind gute Beispiele. Der Wind weht nicht zu stark, normal ist eine Geschwindigkeit zwischen 15 und 18 kn. Auch bei stärkerem Wind ist das Drehmuster noch vorhanden, kann aber nicht so einfach erkannt werden. Das gilt auch für Tage mit Cirrus-Wolken (Foto S. 29), nicht jedoch, wenn die Cumuli tiefer ziehen als die Höhe, in der sie sich ausbilden (Foto S. 28), und ebenfalls nicht bei stärkerem Wind und unregelmäßiger, Cumuli-ähnlicher Bewölkung (Foto S. 22).	Mäßig – eine etwa vierminütige Abfolge vom Einsetzen der Bö bis zum Nachlassen des Windes. Plötzliche Windzunahme, wenn eine Bö von einem Rechtdreher begleitet wird. Der Wind bleibt für ein bis zwei Minuten rechts und dreht dann allmählich während des Nachlassens wieder links. (*Anmerkung*: Vierminütige Abfolgen sind typisch. Möglich sind drei bis acht Minuten.)
Große Cumuli, deren Tiefe größer ist als der Abstand ihrer Unterkante von der Oberfläche (schätzen Sie die Distanz mit dem Daumen an einer einzelnen, weiter entfernten Wolke ab), oder Wolken, die bereits Schauer produzieren. Zunächst wie auf Foto S. 81, später wie auf Foto S. 84 oder 93.	Längere Drehperioden, wenn die Wolken größer werden. Große Cumuli weisen die gleichen Muster wie oben beschrieben auf, die Böen sind jedoch stärker und die Schwankungsbreite geht in Richtung »Hoch«, wenn der Wind schwächer als 12 kn ist. Schauerwolken bringen 20- bis 30-minütige Abfolgen. Der Wind dreht vor den Schauern oft rück und nach den Schauern recht. Bei Schauern ist eine regelmäßige Abfolge selten. Sie kommen in Schüben mit langen, aufgeklarten Bereichen dazwischen.
Unter einer hohen Wolkendecke bilden sich Cumuli aus (siehe Foto S. 29). Die obere Wolkenschicht sorgt dafür, dass die Cumuli nicht stark wachsen können; die Möglichkeit von Schauern ist deshalb gering.	Mäßig – die Windgeschwindigkeit ist gewöhnlich recht gering. Man muss mit dem üblichen Muster aus Rechtdreher und Bö, Rückdreher und Windabnahme rechnen, das allerdings weniger stark ausgeprägt ist als wenn sich unter blauem Himmel oder viel höher ziehenden Wolken Cumuli bilden.
Keine tiefen Wolken. Das kann vorkommen, wenn die Luftströmung für die Bildung von Cumuli zu trocken ist. Schönes Wetter, aber keine starken Drehmuster.	Niedrig – oder manchmal mäßig bis hoch, aber mit unregelmäßigen Mustern. Es ist einfach zu erkennen, worum es sich handelt. Wenn sich keine Cumuli bilden können, ist die aufsteigende Warmluftströmung und damit auch die Bildung der Zellen unterbrochen. Es handelt sich häufig um eine schwach ausgeprägte Cumuli-Luftströmung. Die Sicht ist meist schlecht.
Stratocumuli, das bedeutet, tiefe Cumuli haben sich zusammengeschoben und aufgehäuft.	Niedrig, aber gewöhnlich normal, wenn die Stratocumuli-Schicht von Dauer ist. Wenn sich eine derartige Schicht durch die Sonneneinstrahlung auflöst, wird das Drehmuster unregelmäßig sein (Foto S. 72).

Vergessen Sie Tage mit Schichtwolken (vor allem tiefen), mit Tiefdruckwetter (siehe S. 26) und solche mit klarem Himmel, an denen keine Anzeichen von aufsteigender Warmluft in Form von Cumuli (Haufenwolken) zu erkennen sind. Trotzdem wird es auch dann Drehmuster geben, die man aber vor Ort herausfinden muss und die eher zufällig vorkommen, vor allem bei tiefen Schichtwolken.

Erkennen des Drehmusters...	*Taktische Entscheidung*
1 anhand der Windgeschwindigkeit. Wenn der Wind nachgelassen hat, muss eine Zunahme folgen. Böen entwickeln sich unter den Vorderkanten größerer Cu-Ansammlungen. Achten Sie also auf heranziehende Cumuli. Der Wind wird unterhalb der Wolke mit mittlerer Geschwindigkeit und Richtung wehen. Gegen Endes des Wolkengebildes und bis in das nächste blaue Loch hinein wird er rückdrehen und nachlassen. **2** aus den Reaktionen anderer Yachten zu Luv, die in der ankommenden Bö krängen, usw. **3** durch dunklere Windfelder auf dem Wasser.	An der Kreuz gehen Sie in der Bö wenn möglich auf Backbordbug. Wenn der Wind rückdreht, wenden Sie auf Steuerbordbug. Halten Sie den Kurs, auch wenn der Wind abnimmt, und bereiten Sie die Wende vor, wenn der Wind wieder zunimmt. Es bleiben Ihnen etwa 150 Sekunden im Rechtdreher, warten Sie also 10 bis 20 Sekunden, ob es eine Böe oder nur eine turbulente Störung ist. Das kostet nicht viel, kann aber einen deutlichen Gewinn bringen. Der optimale Zeitpunkt für die Wende ist nicht leicht zu erkennen. Sie sollte aber spätestens nach einigen Minuten ins Auge gefasst werden. (Auf der Südhalbkugel gelten Backbord- und Steuerbordbug umgekehrt.)
1 anhand heranziehender Wolkengebilde. Cumuli müssen tief sein, um Schauer bringen zu können (siehe Foto S. 84, dort entspricht die Tiefe der Wolke etwa 5- bis 6-mal der Distanz zwischen Untergrenze und Oberfläche). Bei großen Cumuli ohne Schauertätigkeit rechnen Sie mit einem verlängerten Muster (Foto S. 81). **2** Jeder Schauer bildet sein eigenes Windsystem. Rechnen Sie mit heftigen Böen und rückdrehendem Wind zu Begin, es folgen 10 bis 15 Min. Donner und Regengüsse, dann rechtdrehender Wind und nachlassende Niederschläge. Unter blauem Himmel danach relativ schwacher Wind (Foto S. 93).	Siehe oben, wenn an der Kreuz unter klumpigen, großen Wolken ohne Schauertätigkeit, sonst laufen Sie Geschwindigkeit unter der Wolkenvorderkante. Rechnen Sie vor dem Wind bei der Bö mit einem Rechtdreher – wenn auf Steuerbordbug, evt. Halse? Wenn große Cb-Schauerwolken heranziehen, unter der Vorderkante eine Bö mit 20 bis 30 kn, die sicher 5 bis 10 Minuten anhalten wird. Taktische Überlegungen bei starken Schauern mit rückdrehendem Wind vor- und rechtdrehendem hinterher.
Möglichkeit von durchmischten Drehmustern mit regelmäßigen und unregelmäßigen Drehsequenzen. Achten Sie trotzdem auf einzelne Cumuli unterhalb der oberen Wolkenschicht, zwischen ihnen wird sich ein regelmäßiges Muster ausbilden. Zwischen den Wolken sind die Dreher allerdings weniger stark ausgeprägt.	Als taktische Hilfe kaum zu gebrauchen. Es wird sicher besser sein, bei einem Abbacker zu wenden als zu versuchen, die kommenden Dreher zu identifizieren. Wenn sich ein Muster herausbildet, nutzen Sie es.
anhand von Drehmustern. Wenn sich die Windrichtung deutlich ändert und für 10, 20 oder mehr Minuten so bleibt, lesen Sie auf den folgenden Seiten weiter, dann handelt es sich nämlich um ein unregelmäßiges Muster. Wenn das Muster sehr undeutlich ist – wenn Sie wirklich keine Regelmäßigkeit erkennen können –, handelt es sich wahrscheinlich um zufällige Dreher.	Nehmen Sie es, wie es kommt. Vor dem Start einer Wettfahrt segeln Sie eine Zeitlang allein und versuchen Sie, ein Muster zu erkennen.
anhand von Drehmustern. Es ist schwierig, für diese Art der Bewölkung Regeln aufzustellen, weil so viele Einflüsse Windrichtung und -geschwindigkeit an der Oberfläche verändern können.	Wie oben.

Windkurven, so genannte Anemogramme, zeigen, wie sich Windrichtung und -geschwindigkeit im Laufe der Zeit verändern. Sie werden aufgezeichnet von mechanischen oder elektronischen Geräten, an die eine Windfahne für die Richtung und ein Anemometer für die Geschwindigkeit angeschlossen sind. Ein gutes Beispiel sind die in Abb. 7 (a) aufgezeichneten Kurven eines steifen Nordwindes. Sie wurden gegen Morgenmitte eines Tages gewonnen, an dem der Himmel etwa so aussah wie auf Foto S. 21.

Wir sehen, dass die mittlere Windgeschwindigkeit 20 kn betrug (oberes Limit von 5 Bft.), aber auch, dass dieser Wert fast ständig über- oder unterschritten wurde. In einem Fall (10.58 bis 10.59 Uhr) erreichten die Böen bis zu 30 kn (7 Bft.), zu anderen Zeiten aber (10.56,30 und 10.59,70) Uhr ging der Wind bis auf 12 kn (unteres Limit von 4 Bft.) zurück.

Im Großen und Ganzen gesehen gab es drei unterschiedliche Phasen der Windgeschwindigkeit. In den ersten drei Minuten war der Wind stärker als der Durchschnitt, dann wehte der Wind etwa fünf Minuten lang konstanter, aber schwächer. Dann ließ er für gut dreißig Sekunden noch mehr nach, bevor er plötzlich wieder böig zunahm und in der Stärke stark schwankte (11.04,30 Uhr und folgend).

Die heftiger schwankende Kurve ist die der Windrichtung, die zwischen NNE und NNW hin und her pendelt. Auch hier können wir im Vergleich zum Mittelwind beständige Abschnitte erkennen, wenn der Wind recht- (im Uhrzeigersinn) oder (gegen den Uhrzeigersinn) rückgedreht hat. Man erkennt eine ausgeprägte zweiminütige Phase mit rückgedrehtem Wind von 11.03 bis 11.05 Uhr und eine darauf folgende rechtdrehende Phase. Diese Phasen verlaufen im Einklang mit den Böen-Zellen, die von den auf- und abwärts gerichteten Luftströmungen gebildet werden, die wiederum zur Entwicklung von Haufenwolken erforderlich sind. Die kleineren Schwankungen werden durch in den Wind eingelagerte Turbulenzen verursacht. Sie sind dafür verantwortlich, dass sich der Wind ständig ändert.

Die Recht- und Rückdreher, die Zu- und Abnahme des Windes sind typische Erscheinungen für Tage mit Haufenwolken und kennzeichnen den Verlauf regelmäßiger Schwankungen. An Tagen mit tiefen Wolken oder auch nachts ändert sich der Wind deutlich weniger. Typische Bedingungen abends, nachts und morgens sind in Abb. 7 (b) zu sehen. Dabei handelt es sich um einen S-Wind mit durchschnittlich 15 kn.

Abb. 7 (c) illustriert zwei Aspekte, auf die im Text eingegangen wird. Dort sind die Kurven eines Tages mit Seewind zu sehen, die aber auch zeigen, wie unglaublich variabel unregelmäßige Schwankungsmuster sein können.

Alle abgedruckten Anemogramme wurden auf Thorney Island aufgezeichnet, das zu Chichester Harbour gehört, unweit östlich des Solent an der südenglischen Küste gelegen. Das Messgerät stand gut drei Seemeilen von der Küste entfernt, an der Seewinde sehr häufig vorkommen. Im Aufzeichnungsmonat Juni ist dort der Seewind am stärksten und am häufigsten.

Auf der Windrichtungskurve sehen wir, dass der NE-liche Wind kurz vor Mittag plötzlich von einem S-lichen Seewind abgelöst wird. Der sehr unregelmäßige NE erreicht gegen 06.30 Uhr fast eine N-liche Richtung und bleibt so für gut 20 Minuten, bevor er dann allmählich über die nächsten Stunden gegen E dreht. Dann dreht er relativ schnell rück auf N, bevor er anschließend innerhalb einer halben Stunde wieder recht bis auf E wechselt. Dieses Muster schneller Rück- und langsamer Rechtdreher wiederholt sich über den Morgen, bis der Seewind einsetzt. Es ist dieses merkwürdige Verhalten, das wir unregelmäßig nennen. Der Seewind ist, wenn er kommt, immer deutlich weniger wechselhaft als der Wind, den er verdängt.

Die dazu gehörende Kurve der Windgeschwindigkeit zeigt ebenfalls einen merkwürdigen Verlauf. Der Wind flaut des Öfteren für 10 Minuten oder länger fast völlig ab, bevor er plötzlich wieder bis auf 10 kn zulegt. Auch dies ist typisch für ein unregelmäßiges Verhaltensmuster.

Wir erkennen, dass insgesamt gesehen der Seewind stärker ist als der von ihm verdrängte Wind und aus der entgegengesetzten Richtung kommt – es handelt sich um eine Seewind-Front. Der Seewind folgt dann dem tagesüblichen Verlauf mit einem Maximum gegen 14.00 Uhr, bevor er am frühen Abend wieder völlig abflaut.

Weiter landeinwärts von Chichester Harbour liegen die hügeligen South Downs mit einem gut ausgeprägten nächtlichen Windsystem. Wenn gegen 21.00 Uhr der nächtliche Landwind einsetzt, zeigt er zunächst ebenfalls ein sehr unregelmäßiges Muster. Dann allerdings muss eine Veränderung des Druckgefüges eingetreten sein, weil der NE in der Nacht zurückkehrt und deutlich stärker weht als noch am Morgen. Andernfalls hätte der Landwind noch einige Knoten aufgefrischt, sein Maximum kurz nach Mitternacht erreicht und wäre bis zur Dämmerung wieder abgeflaut.

Durch die Analyse der kleinen Dreher kann man viel über das Verhalten des Windes lernen und manchmal sogar seine Launen verstehen. Denn wenn man weiß, was er in den vergangenen Stunden gemacht hat, kann man Schlüsse auf sein künftiges Verhalten ziehen.

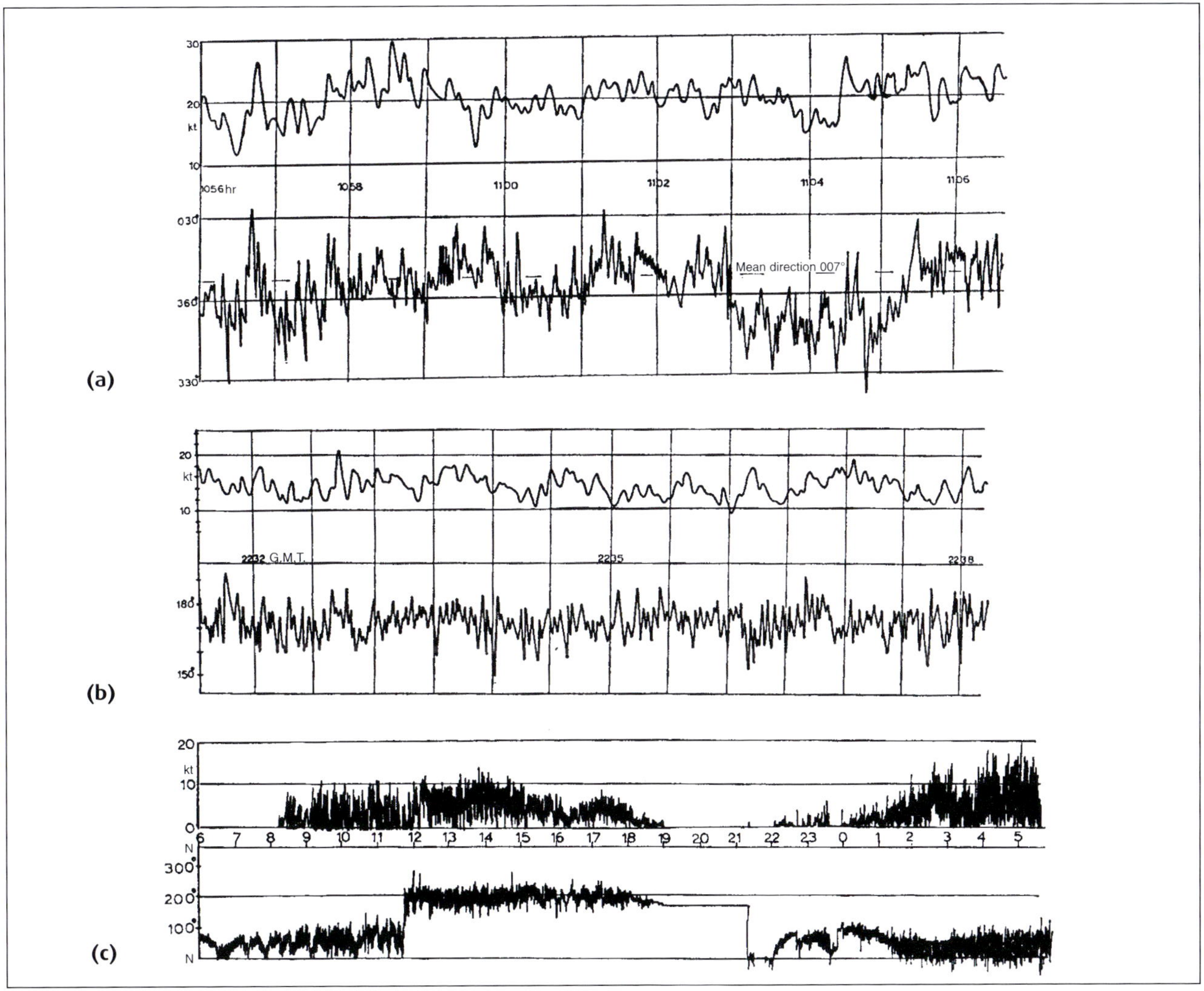
(a)
30
20
kt
10
1056 hr
1058
1100
1102
1104
1106
030
360
330
Mean direction 007°
(b)
20
kt
10
2232 G.M.T.
2235
2238
180
150
(c)
20
kt
10
0
6 7 8 9 10 11 12 13 14 15 16 17 18 19 20 21 22 23 0 1 2 3 4 5
N
300
200
100
N

Abb. 7

S. 78 Die Fotos S. 66 und 73 zeigen die typischen gewittrigen Begleiterscheinungen einer instabil gewordenen Front, die stürmischen Böen entwickeln sich etwa eineinhalb bis zwei Kilometer über der Oberfläche. Hier der Himmel kurz vor Beginn des Gewitters mit quer zur Zugbahn verlaufenden Wolkenlinien. Der Oberflächenwind kommt gewöhnlich von links (in Richtung des schlechten Wetters blickend), plötzliche Böen möglich.

Eine unregelmäßige Luftströmung entsteht oft an warmen Sommertagen, wenn sich trotz der Hitze keine richtigen Cumuli entwickeln. Wir können sie möglicherweise nicht irgendwo am Himmel erkennen, aber diese Strömung wird ähnlich wie auf den Fotos S. 66, 85 oder 88 aussehen. Die Wolken ziehen oft in großer Höhe und sind stark aufgelockert. Es kann Gewitterstimmung herrschen und die Sicht wird nicht besonders gut sein. Meist ist es warm oder gar heiß für die Jahreszeit und der Wind wird mit kaum mehr als 10 bis 15 kn wehen, eher schwächer.

Erkennungsmerkmale

Sie ist nicht so leicht zu erkennen wie eine regelmäßige Strömung, weil sie von einer niedrigen (1000 Meter oder weniger) Temperaturumkehr (Inversion) begleitet wird. Oft bilden sich schnell tiefe Wolken, an denen man sie erkennen kann. Oft sieht der Himmel aus wie auf Foto S. 50.
An Morgen warmer, schwüler Tage mit schlechter Sicht. Der Wind wird gewöhnlich nicht mehr als mäßig wehen.
Rechen Sie grundsätzlich am Morgen von sonnigen oder schönen Tagen vor oder gegen 08.00 bis 09.00 Uhr LSZ mit unregelmäßigen Schwankungen. Auch dann, wenn sich am späten Nachmittag oder frühen Abend die Inversion erneut durchsetzt. Rechnen Sie damit auch etwa eine Stunde bevor eine Seewind-Front gegen den ablandigen Wind zieht. Es wird nicht immer eine unregelmäßige Strömung geben, aber man sollte darauf vorbereitet sein (siehe S. 77).

Typische Schwankungen

Hoch bis mäßig (siehe S. 71). Die Zunahme-Abnahme-Sequenz innerhalb von 5 bis 8 Minuten geht mit Rückdreher beim Auffrischen und Rechtdreher beim Abflauen einher. (Vergleiche mit dem regelmäßigen Muster.) Ein E-licher Wind z. B. kann im Verlaufe etwa einer Minute oder länger unter Abnahme der Windgeschwindigkeit bis auf etwa SE drehen. Die Richtung bleibt dann einige Minuten stabil, bevor der Wind bis auf NE dreht und dabei auffrischt. Die gesamte Abfolge kann zwischen 15 und 20 Min. dauern, 8 Min. ist aber eher der Normalfall. Windschwankungen von vollen 90 Grad sind extrem, typisch sind um die 60 Grad. Die Dreher sind in jedem Falle so stark ausgeprägt, dass man sie nicht vernachlässigen kann. Häufig an Vormittagen, wenn die Sonne noch nicht sehr hoch steht. Bevor die Seewind-Front aufzieht (siehe S. 57 und 59) wird der Wind in Zeiträumen von 5 bis 10 Min. rückdrehen und auffrischen, gefolgt von ähnlich langem Rechtdrehen und Abflauen. Manchmal allerdings setzt sich auch ein regelmäßiges Muster aus Rechtdrehung und Auffrischen beziehungsweise Rückdrehung und Abflauen durch, aber nicht so ausgeprägt wie bei einer regelmäßigen Strömung. Wenn die Seewind-Front landeinwärts gezogen ist, meist zufälliges Muster ohne große Drehungen.

Erkennen des Drehmusters…

aufgrund der Schwankungen in Richtung und Stärke, auch an der Art des Tages. Es handelt sich gewöhnlich nicht um einen ›frischen‹ Tag, sondern es ist eher feucht und die Sicht ist alles andere als gut. Der Wind kann in extremen Fällen gegen Ende einer Abfolge bis fast zur Flaute nachlassen. Versuchen Sie durch Beobachtungen an Land festzustellen, wie beständig der Wind ist. Sie können einige Minuten lang Wind aus einer Richtung feststellen, dann sieht es plötzlich nach wenig Wind oder Flaute aus, aber ein sensibles Messgerät oder eine leichte Flagge zeigen, dass die Brise jetzt stark gedreht hat. Führen Sie diese Beobachtungen 10 Minuten lang durch, wenn möglich. Dann werden Sie eventuell ein unregelmäßiges Windmuster erkennen und entsprechend handeln können.

vor einer Seewind-Front. Es sollten nur einige wenige kleine Cumuli zu sehen sein, nicht unbedingt in Ihrer Nähe, wenn Sie sich dicht unter Land aufhalten. Wenn die Front kommt, kann der Beginn des Seewindes frustrierend lange dauern.

Taktische Maßnahme

Betrachten Sie den Wind als zwei Winde, die sich ständig gegenseitig ablösen. Die Phasen des Musters verlangen ständige Wenden, weil die Richtungsunterschiede so groß sind. Wenn der Wind am schwächsten ist und rechtgedreht hat, kann man einige Minuten lang auf Backbordbug segeln. Wenn der Wind dann in das andere Muster übergeht, erreicht man einen Punkt, an dem man wieder auf Steuerbordbug in den rückgedrehten und aufgefrischten Wind wenden muss. Das sind schwierige Bedingungen, weil man immer geneigt ist zu wenden, sobald der Wind abbackt. Trotzdem sollten diese sehr kurzen Dreher ignoriert werden – man muss auf sie reagieren, aber nicht wenden. Wichtig ist das Erkennen des übergeordneten Musters, auf das die Taktik ausgelegt werden muss.

Profitieren Sie möglichst viel von den regelmäßigen Drehern, bevor der Seewind einsetzt. Rechnen Sie unter der Front mit nervtötenden Windstrichen und Flautenlöchern. Wenn sich der Seewind durchgesetzt hat, vergessen Sie Windtaktik und wenden Sie, wenn der Wind abbackt.

S. 80 Der Himmel ist blau, der Wind schwach, aber die kleinen Cumuli deuten auf aufsteigende Warmluft hin. Perfekte Voraussetzungen für den Seewind. Ein auflandiger Wind wird vom Seewind im Tagesverlauf verstärkt, kann am Nachmittag böig werden. Weht der Wind ablandig oder parallel zur Küstenlinie, wird der Seewind sehr stabil sein, keine taktischen Möglichkeiten.

S. 81 Diese großen Cumuli-Ansammlungen können nur von einer kräftigen Aufwärtsströmung gebildet werden. Unterhalb der Wolken wird es deshalb ein regelmäßiges Böen-Zellen-Muster geben. Nutzen Sie den zunehmenden Wind unter der Wolkenvorderkante und den abnehmenden, wenn die Wolke abzieht. Der Seewind kann an der Küste bereits eingesetzt haben.

Schönes Wetter – Cumulus-Bewölkung

Wichtige Erkennungsmerkmale: Klare Morgen mit für die Jahreszeit normalen oder unterdurchschnittlichen Temperaturen. Überwiegend sonnig. Wenn es eine hohe Bewölkung gibt, ist sie gewöhnlich dünn und gut aufgelockert. Am Vormittag bilden sich Cumuli über Land. Sie sollten sich nicht in die Höhe entwickeln, sondern unten flach und oben rund sein.

Mögliche Gefahren: Auf See kann ein mäßiger Morgenwind gegen Nachmittag stark auffrischen. Es können sich Schauer mit starken Böen entwickeln. Ansonsten ist mit einem angenehmen Wind zu rechnen.

Fahrtgebiet	*Zeit (LSZ)*	*Eindruck des Tages*	*Einschätzung der Segelbedingungen*
Ufer-Bereich mit ablandigem Wind. (Küsten- und Hochsee-Bereich siehe Spalten 7 und 8)	08.00 bis 12.00 Uhr	*Früh:* Klar und oft zu kühl für die Jahreszeit. Für die Tageszeit gute Sicht. *Später:* Über Land bilden sich Cu-Wolken, die dann auf See hinausziehen. Oder es bilden sich Stratocumuli, die sich im Laufe des Vormittags zu Cumuli verändern. Oder höhere Wolkenschichten brechen im Laufe des Vormittags auf, sodass es zu sonnigen Abschnitten kommt, in denen sich Cumuli entwickeln sollten.	Bei Windgeschwindigkeiten von weniger als 10 bis 12 kn handelt es sich um einen Seewind-Morgen (siehe S. 57 zu Eigenschaften und Zeiten). Der Wind wird nachlassen, weht er schwächer als mäßig, kann es Flaute geben. Weht er mehr als mäßig, kann er auffrischen; über die Mittagszeit allerdings schwächerer Wind. Bei einem frühen ablandigen Wind steht etwas Seegang, der zu Beginn der ruhigen Phase des Seewindes nachlässt.
Ufer-Bereich mit Seewind oder ablandigem Wind	12.00 bis 18.00 Uhr	Bei Seewind klarer Himmel und Sonnenschein. Über dem Binnenland können Cumuli zu sehen sein. Wenn sich wegen der Windgeschwindigkeit kein Seewind entwickelt, erreicht die Cu-Bedeckung ihr Maximum und während des Nachmittags kommt es zu sonnigen Abschnitten. Gute bis sehr gute Sicht, wenn sie nicht von Industrie-Emissionen oder Rauch von Land her beeinträchtigt wird.	Wenn sich der Seewind durchgesetzt hat, rechnen Sie am Nachmittag mit stetigem auflandigen Wind. Im Verlaufe des Nachmittags Rechtdrehung, später nachlassend. Zunächst leichter, später zunehmender Seegang. Wenn der Seewind zu Beginn des Zeitraumes noch am Entstehen ist, rechnen Sie mit Flaute und unbeständigem Wind. Wenn der Wind am Morgen so stark aufgefrischt hat, dass sich kein Seewind entwickeln konnte, bleibt der ablandige Wind für den Rest des Tages. Wenig Seegang durch die Nähe zur Küste.
Ufer-Bereich mit Flaute oder ablandigem Wind	18.00 bis 08.00 Uhr	Gewöhnlich ein klarer Abend. Die Cu-Bewölkung über Land löst sich bei Sonnenuntergang auf. Meist eine klare Nacht mit eventuell erneuter Wolkenbildung in der Morgendämmerung. Werden die Unterseiten von Wolken über Land vom Licht der Städte beleuchtet, deutet sich ein Wechsel der Schönwetterlage an. St-Bewölkung (oder Hochnebel) kann später Nebel über See bedeuten.	Bei Schönwetter-Bedingungen sehr flauer Wind, aber der nächtliche Landwind unterstützt das Segeln unter Land. An vielen Küsten verschwindet der Landwind im Morgengrauen. Leichter Seegang, gute Sicht. Vorsicht ist geboten, wenn sich über Nacht Wind aus einer anderen Richtung als ablandig entwickelt.

Die Vorhersage wird etwa so lauten: Schön oder heiter mit langen sonnigen Abschnitten, leichter, wechselhafter Wind, Seewind an den Küsten, mittlere Temperaturen, gute Sicht. Oder: Überwiegend heiter mit sonnigen Abschnitten, im Laufe des Nachmittags Schauer möglich, Wind leicht bis mäßig, gute Sicht. Diese beiden Vorhersagen treffen auf fast alle Schönwettertage zu, wenn der Wind auch stärker sein kann.

S. 2 Dort, wo es häufig zu Seewinden kommt, stehen die Bäume an Land entsprechend geneigt, wie das Beispiel in Frinton-on-Sea, Essex, England zeigt. Die Küste liegt in kurzer Entfernung rechts.

S. 84 Gewitterwolken führen ihr eigenes Windsystem mit sich. Unter der Vorderkante einer Cu-Wolke wie dieser ist eine Windzunahme zu erwarten. Gleichzeitig wird fast sicher eine Winddrehung erfolgen, aber wenn die Wolken mit ihren Schauern abziehen, wird der Wind wieder wie vorher wehen.

Windqualität	*Erwarten Sie, ...*	*Abweichungen im Küsten-Bereich*	*Abweichungen im Hochsee-Bereich*
Zunächst zufällige Dreher wahrscheinlich. Mit der Bildung von Cumuli werden daraus regelmäßige Dreher (siehe S. 74). Später, mit Beginn des Seewindes, kommt es zu ungewöhnlich starken, unvorhersehbaren Drehern. Danach stetiger Wind. Wenn der Seewind eingesetzt hat, weht eine stetige, taktisch kaum zu nutzende Brise. Entwickelt sich der Seewind noch (früh innerhalb dieses Zeitraums), kommt es zu unvorhersehbaren Drehern. Wenn der Gradientwind ablandig weht, ist mit normalen, eventuell mäßigen Schwankungen zu rechnen. Auch bei mäßiger Sicht sind abendliche Drehmuster oft zufällig. Ein nächtliches Muster ist die abgeschwächte Fassung des Musters tagsüber.	... dass der Seewind anhält, wenn er sich bereits durchgesetzt hat. Wenn der Wind zu löcherigen Windstrichen abgeflaut ist und die Cumuli nicht mehr zunehmen, sollte der Seewind einsetzen. Wenn der Wind gegen Ende des Zeitraumes noch ablandig weht, aber nachgelassen hat, kommt der Seewind am Nachmittag. Hat der Wind frisch zugenommen, kommt kein Seewind, der momentane Wind bleibt. ... dass der Seewind bleibt, wenn er sich bereits entwickelt hat. Gegen Ende des Zeitraums wird er vielleicht rechtdrehen und abflauen. Wenn der Seewind für Flauten über Binnengewässern gesorgt hat, kann er hier für kurze Zeit am Nachmittag auftauchen; danach wird sich der ablandige Wind wieder durchsetzen. Wenn der Seewind einen mäßigen bis frischen ablandigen Wind lediglich abbremsen kann, wird dieser gegen Abend wieder auffrischen. ... in klaren Nächten Landwind gegen Mitternacht. Bei Flaute weht der Landwind mit nur wenigen Knoten. Wenn ein ablandiger Gradientwind weht, frischt der durch den unterstützenden Landwind auf mäßig oder mehr auf. Erwarten Sie ein Abflauen des Windes zur Dämmerung, aber wieder etwas mehr, wenn die Sonne deutlich über dem Horizont steht.	Tag wie im Ufer-Bereich. Der Seewind-Effekt kann bis in diese Zone reichen, wenn der Morgenwind nur leicht weht. Ist dieser mäßig, Seewind am Nachmittag (wenn überhaupt). Flautenbeginn wie im Ufer-Bereich. Kein richtiger Seewind? Es kann sich um Dreher und Abflauen des bestehenden Windes handeln. Seewind in diesem Bereich frühestens gegen Mitte des Zeitraums, achten Sie also auf entsprechende Vorzeichen. Bei klarem Himmel hier und Cumuli über Land können Sie mit dem Seewind rechnen. Weiter seewärts setzt der Gradientwind früh wieder ein. Auch bei mäßigem bis frischem auflandigem Wind kann es zu einigen Drehern kommen. Sonst wie Ufer-Bereich, allerdings setzen Seewind-Effekte später ein. Nach schwach windigen Abenden kann der Landwind bis in diese Zone spürbar werden. Wenn der Gradientwind wieder ablandig weht, ist während der Nacht mit einer Zunahme zu rechnen. Zur Dämmerung sind unbeständige Böen möglich.	Seewind kommt nur, wenn Morgenwind sehr leicht, Himmel klar und Cu-Bildung über Land. Weht der Wind unter der Küste mit weniger als 10 kn, kommt es ab etwa Mitte des Nachmittags zu Drehern oder Windabnahmen. Hat sich der Seewind bis gegen 16.00 Uhr nicht durchsetzen können, kommt er wahrscheinlich auch nicht mehr. Im landnahen Bereich dieses Gebietes kann es bei auflandigem Wind zu einigen Drehern kommen. Ansonsten bleibt dieses Gebiet von landnahen Einflüssen verschont. Mit einiger Wahrscheinlichkeit ist hier vom Landwind nichts zu spüren.

S. 85 Diese Linien aus Ac-Wolken deuten auf eine instabile Strömung hin, obwohl sie besser organisiert scheinen als die einem Gewitter voranziehenden Wolken auf Foto S. 66. Man nennt die hochgetürmten Wolken auch Ac Castellanus, die Schäfchen-Wolken am oberen Bildrand Ac Floccus. Die Wolkenlinien liegen entlang der Windrichtung auf ihrer Höhe; weht dieser Wind von weiter links als der Oberflächenwind, kommt bald Gewitter.

Große Cumulus-/ Cumulonimbus-Wolken und Schauer

Ein wechselhafter Tag mit Schauern und aufklarenden Abschnitten, mit wechselhaftem Wind und stürmischen Böen.

Wichtige Erkennungsmerkmale: Früh kalt und klar; sich schnell entwickelnde Cumuli mit Schauern, die Dimensionen wie die auf Foto S. 84 erreichen können. Wind oft aus Nordwest, 3 bis 6 Bft.

Mögliche Gefahren: Ein mäßiger Morgenwind nimmt bis auf frisch oder sogar stark am Nachmittag zu. Heftige Böen und Schauer. Gelegentlich Donner.

Fahrtgebiet	*Zeit (LSZ)*	*Eindruck des Tages*	*Einschätzung der Segelbedingungen*
Küsten- und Ufer-Bereich mit ablandigem Wind	08.00 bis 09.00 Uhr	Früh kalt und klar. Früh bilden sich zerrissene Cumuli, die möglicherweise später Schauer bringen. Häufig dauerhafte Winddreher, wenn der Einfluss des nächtlichen Landwindes nachlässt und später, wenn die Inversionswolken aufbrechen. Für die Tageszeit gute Sicht.	Vom frühen Morgen an wechselhafter Wind, manchmal sehr wechselhaft. Man mag vielleicht schon ausreiten müssen, später ist hartes Segeln zu erwarten. Rechnen Sie mit Drehern aufgrund der Topografie. Gibt es durch Kliffs abgedeckte Bereiche in Ihrem Revier? Landseitige Einflüsse?
dito	10.00 bis 12.00 Uhr	Ohne Sonne bleibt der Tag kühl. Die untere Bewölkung nimmt zu. Der Wind frischt auf.	Oft mäßiger Wind, für Jollensegler schon ein nasser Tag. Der Seegang kann das Erkennen von nennenswerten Winddrehern erschweren. Rechnen Sie mit starken Böen und Regen, wenn sich die Cumuli zu Schauerwolken ausbilden.
dito	13.00 bis 17.00 Uhr	Häufig frisch mit Böen von 25 bis 30 kn. In diesem Zeitraum weht der Wind am stärksten, ändert aber seine Richtung kaum. Schauer allerdings kommen mit eigenem Windsystem und Drehern. Es besteht die Gefahr vereinzelter Gewitter (Foto S. 98).	Ein harter Segelnachmittag. Große Jollen gleiten ständig, kleinere ab und zu, vor allem in Böen. Bei den böigen Bedingungen wird es zu vielen Kenterungen kommen. Rechnen Sie mit Fallwinden, wenn es über steilen Küstenformationen zu Schauern kommt.
dito	18.00 bis Sonnenuntergang	Kühler Abend. Die Sicht verschlechtert sich etwas, aber nicht deutlich. Schauer- und andere tiefe Wolken neigen dazu, kleiner zu werden, Stratocumuli lösen sich eventuell sogar auf. Die Ränder der Cu-Wolken können im Licht der untergehenden Sonne silbern leuchten.	Ein Abflauen des Windes und eine stetigere Abfolge innerhalb der Böen-Zellen lassen Jollen wieder mehr in Verdrängerfahrt übergehen. Zu dieser Zeit gibt es gewöhnlich keine guten Voraussetzungen zum Gleiten mehr. Das Drehmuster des Windes tendiert im Zusammenhang mit zunehmender Inversion über Land zu unregelmäßigem Ablauf.
Küsten- und Ufer-Bereich mit ablandigem Wind	Nacht, Sonnenuntergang bis Morgendämmerung	Klarer Himmel, brillante Sterne. Wenig Seegang und ein ruhiger Landwind ohne große Schwankungen. Später (gegen Morgen) Schauer über den Küstengewässern möglich. Sehr oft bauen sich zerfaserte Cumuli auf, auch wenn sich keine Schauer entwickeln.	An sich nicht die richtige Zeit fürs Jollensegeln. Wer an der Küste entlangsegelt, bleibt wegen des auflandigen Windes so dicht wie möglich unter Land. Er weht mit 2 bis 3 Bft., manchmal auch mit 4. Bläst es noch stärker ablandig, muss man aufpassen. Nimmt der Gradientwind zu?
Küsten-/Hochsee-Bereich mit auflandigem Wind	Tag oder Nacht	Viele Haufenwolken mit kleinen, zerissenen Cumuli dazwischen. Heftige Schauer gehen durch. Kalt, oft stürmisch. Gute bis sehr gute Sicht.	Der Wind ist unter der Wolkenvorderkante und während der Niederschläge am stärksten, danach flaut er ab.
Küsten-Bereich, aufland. Wind	10.00 bis 17.00 Uhr	Kalte Luftströmung mit vielen Haufenwolken und gelegentlichen Schauern. Gute Sicht.	Recht starker Seegang, weil der Wind von See kommt. Große Wolkenansammlungen kündigen Drehmuster an.

Der Landwetterbericht wird etwa so lauten: Am Morgen schön oder heiter, später vereinzelte, teils heftige Schauer. In ernsten Fällen kann Donner erwähnt werden, was nicht unbedingt auch Gewitter bedeuten muss, sondern lediglich ein gelegentlicher Donnerschlag mit einem durchziehenden stürmischen Schauer. Nachts lässt die Schauertätigkeit nach.

Der Seewetterbericht kann entweder anhaltende Schauer (Tag und Nacht) oder keinerlei Schauer ankündigen.

S. 88 Die Bildung hoher Ci-Wolken deutet meist auf eine Wetterverschlechterung hin. Allerdings können diese spektakulären Wolkenbänder alles oder auch nichts bedeuten, denn während die ausgeprägten Bänder parallel ausgerichtet sind – ein Vorzeichen schlechten Wetters –, gibt es auch Streifen in andere Richtungen. Sie sollten deshalb die Situation im Auge behalten.

Windqualität	*Tägliche Schwankungen*	*Erwarten Sie…*	*Bemerkungen*
Zunächst sind unregelmäßige Muster möglich, die sich mit steigender Sonne zu normalen Böen-Zellen entwickeln.	Zeit des schwächsten Windes, der mit Sicherheit zunimmt.	Weht es bereits mäßig, wird es weiter auffrischen. Ist der Wind schwächer, kann es zu Seewind kommen.	Dies ist die Schwachwindzeit. Die Bedingungen werden sich verschlechtern.
Am frühen Vormittag wird es unregelmäßige Drehmuster geben. Wenn sich Cumuli bilden und zu respektabler Größe anwachsen, sollten regelmäßige Muster die Folge sein. Später bilden sich Schauerzellen.	Der Wind nimmt zu und ist variabel. Später nehmen die Dreher ab.	Der Gradientwind sollte sich etabliert haben. Weht er zu Beginn des Zeitraumes stärker als mäßig, wird sich die Richtung kaum ändern. Ist er schwächer, Abflauen und Dreher aufgrund des Seewindes. Schauer vertreiben Seewind, sodass sich der Gradientwind wieder durchsetzt.	Jetzt wird der Seewind hier seinen größten Einfluss ausüben. Möglicherweise bildet er sich nicht voll aus, aber ein ordentlicher Dreher ist nicht auszuschließen.
Böen-Zellen mit geringen Richtungs-, aber starken Geschwindigkeitsschwankungen. Schauerzellen höchster Intensität. Gegen Ende des Zeitraumes kann es unregelmäßige Drehmuster geben.	Zeit des stärksten Windes, der heftigsten Schauer und der stärksten Böen. Jetzt dreht der Wind am wenigsten außer vor Luvküsten.	Die Bedingungen des frühen Nachmittags halten bis gegen 17.00 bis 18.00 Uhr durch, die Schauer lassen gegen Abend jedoch nach. Gegen Ende des Zeitraums nehmen die Winddrehungen zu.	Während des Nachmittags kann man sich auf das etablierte Windmuster verlassen. Ausnahmen sind nur selten.
Die regelmäßigen Böen-Zellen des Nachmittags tendieren zu unvorhersehbaren Drehungen oder einem unregelmäßigen Muster. Tendenz zu gleichmäßiger Strömung.	Einflüsse, die den Wind abflauen lassen, sind jetzt am stärksten. Die Böen-Zellen werden schwächer. Schauerzellen sollten bis Endes des Zeitraumes verschwunden sein.	Abflauen hält am Abend bis nach Ende der Dämmerung an. Wenn der Wind jedoch weiterhin ablandig weht, wird er vom nächtlichen Landwind verstärkt. Rechnen Sie dann mit auffrischendem ablandigem Wind in der Nacht.	In diesem Zeitraum muss in Küstengewässern mit unvorhersehbaren Drehern und Leichtwindperioden gerechnet werden.
Die Windqualität hängt ausschließlich von der Luftströmung ab. Der Wind kann am Vormittag böig sein und wird im Tagesverlauf turbulenter.	Außer möglicher Zunahme des Windes kaum Änderungen. Einige Dreher dicht am Ufer.	Bei auflandigem Wind wird der Küsteneffekt in dieser Zone nichts ausrichten.	Keine Auswirkungen. Der Wind sollte von den Druckverhältnissen diktiert werden, es handelt sich also um Gradientwind.
Windqualität wie auf See. Ist die Luft kälter als das Seewasser, ist mit regelmäßigen, aber schwach ausgeprägten Drehmustern zu rechen (siehe S. 71). Ist die Luft wärmer als das Wasser, sollten die Muster unregelmäßig sein.	Während der Nacht sind keine großen Veränderungen außer den in Spalte 3 beschriebenen zu erwarten.	Die Auswirkungen des nächtlichen Landwindes gegen den leichten auflandigen Wind sind höchstens im Randbereich dieser Zone zu spüren.	Keine nennenswerten Auswirkungen.

S. 89 Die Sonne geht hinter einer Bank aus Ci- und Cs-Wolken (Eiskristall-Wolken) unter; Kondensstreifen sind kompakt und beständig; die letzten Tages-Cumuli lösen sich auf. Eine Front ist im Anmarsch, rechnen Sie also während der Nacht und vielleicht bis morgen mit mehr Wind und möglicherweise Regen oder Niesel.

Warme Tage – eventuell gewittrig

Wichtige Erkennungsmerkmale: Weil die Wassertemperaturen in den gemäßigten Breiten nicht sonderlich hoch werden können, muss eine warme oder heiße Luftströmung ihren Ursprung in den Subtropen haben. Deshalb sind Schichtwolken und Sonnenschein, schlechte Sicht oder Seenebel zu erwarten. Sich über Land bildende Gewitter können auf See hinaus ziehen, nur wenige entstehen über dem Wasser.

Typische Morgensituation 08.00 bis 10.00 LSZ	*Wie man Veränderungen erkennt*	*Zu erwartende Windänderungen*
Warm und feucht. Schlechte Sicht und oft Nebel an den Küsten oder auch auf See. Wind aus einem warmen Quadranten (gewöhnlich aus einer südlichen Richtung), typischerweise mäßig oder weniger. Viel Schwitzwasser (auch bei der Crew).	Anzeichen für Veränderungen stecken in hohen Wolken. Mittelhohe oder hohe Wolken wie auf Foto S. 73 oder 85 ziehen über erwärmte Landmassen heran und gehorchen der Regel, aus einer Richtung links des Oberflächenwindes* zu kommen. An der US-Ostküste: mittelhohe Wolken aus West über einem warmen südlichen Wind. Ärmelkanal: mittelhohe Wolken aus Süd über einem warmen östlichen Wind. Unter derartigen Voraussetzungen kommt es zu Gewittern. Rückdrehender und auffrischender Wind bei schwülen Bedingungen sind mit Vorsicht zu genießen. (*aus einer Richtung rechts des Oberflächenwindes auf der Südhalbkugel)	Wenn es über Land sonnig bleibt, rechnen Sie mit schwachem Seewind (Ufer- und Küsten-Bereich), der möglicherweise erst am Nachmittag einsetzt. Wenn sich Gewitterwolken auftürmen, wird der Oberflächenwind gewöhnlich zunehmen und vielleicht etwas rückdrehen. Wenn Donner zu hören ist, gewittert es in 10 Seemeilen Entfernung. Wenn der Himmel aussieht wie auf Foto S. 73 oder 78, kann es sehr schnell zu Böen mit 30 bis 40 kn (oder mehr), sintflutartigem Regen oder Hagel kommen. Gewitter über Land bringen mäßigen oder starken auflandigen Wind. Die heftigsten Gewitter ziehen gegen den Wind, den sie selbst aufsaugen. Das heißt, Wind, der langsam in Richtung eines Gewitters dreht, wird später in heftigen Böen aus dessen wehen.
Typische Situation zwischen Abend und Mitternacht	*Wie man Veränderungen erkennt*	*Zu erwartende Windänderungen*
Hängt von den Ereignissen des Tages ab: **1** Keine Gewitter und kein Seewind: Es bleibt warm und feucht, der Gradientwind herrscht vor. **2** Noch schlechte Sicht: St-Wolken bilden sich über angrenzenden Gewässern. Grundsätzlich Gefahr von Nebel, meiden Sie die Schifffahrtswege. **3** Seewind am Tag (im Ufer- und Küsten-Bereich, eventuell nur in Küstennähe): Gegen Abend unter der Küste flau oder sehr leicht aus jeder nicht ablandigen Richtung, kann sich zu nächtlichem Landwind entwickeln. **4** Gewitter haben sich ausgetobt: Kühler Gradientwind, der lokal abgelenkt sein kann. Meist starke mittelhohe und hohe Bewölkung, auch St-Wolken als formlose, nebelartige Schicht möglich, evtl. in nur 100 bis 200 Metern Höhe.	Nachts sind Anzeichen von Veränderungen schwer zu erkennen. Die obigen Anmerkungen gelten auch für nachts, im Küstenbereich aber geht Gewittern nachts gewöhnlich die Puste aus. Blitz und Donner: Gewitter im Umkreis von 10 Seemeilen. »Sommerblitze« (ohne Donnergrollen): Gewitter sind mehr als 10 Seemeilen entfernt. Gewitter ziehen aus der gleichen Richtung heran wie die mittelhohe Bewölkung. Ziehen As- und Ac-Wolken vor dem Mond durch? Über der nahen Küste? Können sich über See auflösen, wenn es sich nicht um Gewitter in großer Höhe handelt (Blitze an den Wolkenspitzen). Nächtlicher Landwind kann später in der Nacht an der Küste Schauer und Gewitter mit begleitenden Böen bringen.	Nach leichtem Abendwind (oder Flaute) entwickelt sich der nächtliche Landwind, nicht jedoch, wenn sich über Land St-Wolken bilden. (Achten Sie auf Lichter von Städten an Land, die von tiefen Wolken reflektiert werden.) Allerdings weht der Wind nach einem Gewitter über Land oft ablandig und kann deshalb mit einem Landwind verwechselt werden. Rechnen Sie später in der Nacht mit der Rückkehr des Gradientwindes (Vorhersage?). Halten sich die Gewitter über dem örtlichen Seegebiet, rechnen Sie mit Winddrehungen wie oben beschrieben.

Der Wetterbericht wird etwa so lauten: Überwiegend heiter, später Gewitter (oder Gewitter-Risiko, gewöhnlich am Nachmittag oder Abend), schlechte Sicht, Seenebel, Wind zunächst leicht bis mäßig, später zeitweilig frisch.

S. 92 Über der Küste ist es jetzt heiter, aber was braut sich da draußen über See zusammen? Sie sehen aus wie Schauerwolken, aber besitzen nur wenig Substanz. Höchstwahrscheinlich werden diese Haufenwolken über See bleiben, weil sie über einem warmen Gezeitenstrom entstehen und nichts anrichten. Unter den Wolken rechnen Sie mit Winddrehern.

Erwarten Sie später…	*Anmerkungen*
Wenn sich kein Gewitter entwickelt, sollte der Gradientwind über den Abend hinaus bis in die Nacht durchstehen. Gibt es kein Gewitter und der Seewind hat sich durchgesetzt, rechnen Sie am Abend mit leichtem auflandigem Wind oder bei sehr schlechter Sicht sogar mit Flaute. Wenn Gewitter quer zur Oberflächen-Windrichtung durchziehen, rechnen Sie danach mit Wind aus der gleichen Richtung. Wenn ein heftiges Gewitter gegen die Windrichtung heranzieht, rechnen Sie auf der Rückseite mit leichtem oder mäßigem Wind, der von links der Zugbahn des Gewitters kommt. Sehr schwacher nächtlicher Landwind bei leichten, heiteren Bedingungen.	Es gibt zwei Arten von Gewittern. Oberflächengewitter lenken den Oberflächenwind in Richtung ihres Zentrums und ziehen gegen die Windrichtung. Höhengewitter entstehen an Fronten und bewegen sich gewöhnlich quer zum Oberflächenwind. Später können Höhengewitter bis dicht über die Oberfläche absinken. In Verbindung mit heftigen Gewittern können ähnlich wie bei Tornados Wasserhosen entstehen, aber wo und wann sie auftreten, lässt sich nicht vorhersagen. Sie entstehen häufiger vor den Küsten Floridas und der Golfstaaten als weiter im Norden. Wasserhosen sind meist Wirbel aus Dampf, aber Tornados können ein Cockpit überschwemmen, selbst wenn der extreme Wind – bis zu 200 kn – abgewettert werden kann. Glücklicherweise trifft eine Yacht nur äußerst selten auf derartige Bedingungen. Hurrikane sind hier nicht eingeschlossen. Ihnen ziehen eine unnatürliche Wärme und eine gewittrig erscheinende Bewölkung voraus, genauere Angaben aber können nur die Hurrikan-Warnzentren geben. Außerdem sollten Hurrikane und Yachten nicht zusammentreffen!
Die Passage eines gewittrigen Troges hinterlässt eine völlig neue Windsituation. Wenn ein Höhengewitter durchzieht, rechnen Sie für morgen mit einem gegenüber dem heutigen rechtgedrehten Wind. Es kann immer noch warm mit schlechter Sicht sein. Oberflächengewitter sorgen am nächsten Tag für neue, kühlere Bedingungen (Wetterbericht?). Bei einer kühleren Luftströmung kann es morgen zu einem Cu-Tag (siehe S. 82) mit einem im Vergleich zu heute rechtgedrehten Gradientwind kommen.	Wenn verbreitet Gewitter auftreten, wird der morgige Wind kaum der gleiche sein wie heute. Höhengewitter entwickeln sich an Warmfronten und der Wind dreht bei ihrem Durchzug recht. Oberflächengewitter, die sich quer zum Wind bewegen, entstehen gewöhnlich an Kaltfronten. Der Wind dreht während der Passsage recht. Eine gewittrige Okklusion kann mit Erscheinungen beider Fronten-Arten ohne Pause dazwischen durchziehen. Morgen wird es dann kühler mit möglicherweise . besserer Sicht und vielen Cumuli sein. Es gibt aber auch eine Serie von warmen Tagen ohne Gewitter, an denen der Gradientwind – wenn er nicht zu stark ist – von nächtlichen Landwinden beeinflusst wird. Trotz Hitze keine Gewitter bedeutet Hochdruckwetter.

S. 93 Eine große Schauerwolke – wahrscheinlich eine Gewitterwolke – zieht quer über diese Flussmündung. Die Regenwände (Mitte) werden mit starken Böen einhergehen. Unter den Außenbereichen sind die Böen weniger stark. Die Ränder werden von kalter Luft, die aus der Hauptwolke herausströmt, nach oben gedrückt.

Zunehmende Höhenbewölkung und rückdrehende Winde

Wichtige Erkennungsmerkmale: Überwiegend heiter, seit kurzem anhaltendes Hochdruckwetter. Zunehmende, gewöhnlich aus Westen heranziehende Höhenbewölkung. Der Wind tendiert zu einem Rückdreher auf eine mehr südliche Richtung.

Mögliche Gefahren: Innerhalb der kommenden 6 bis 12 Stunden zunehmender Wind – eventuell Starkwind. Später Sturmböen und generell schlechtes Wetter möglich.

Fahrtgebiet	*Vorgeschichte*	*Wetter jetzt*	*Einschätzung der Segelbedingungen*
Generelle Küstenlinie nach Süd oder Südost ausgerichtet. Wind jetzt aus SW oder NW.	Eine Schönwetterperiode mit Cu-Wolken am Tag und klarem Himmel nachts (Foto S. 50 oder 28). Zunächst wenig, später zunehmende Höhenbewölkung. Wind schwach bis mäßig aus W oder NW. Eine Rückdrehung auf SW oder W hat bereits eingesetzt oder kündigt sich an (Foto S. 29).	In der Höhe bilden sich Ci-Wolken. Eventuell vorhandene Cumuli werden dünner und lösen sich auf. Oft sehr gute oder außergewöhnliche Sicht. Der Wind sollte jetzt auf SW bis S rückgedreht haben und allmählich auffrischen.	Gute Bedingungen mit wenig Seegang durch die nahe Küste. Kann sich zu schwierigen Bedingungen mit mehr Seegang entwickeln, da der Wind auflandig dreht und auffrischt (zur Schätzung der Wellenhöhe siehe S. 23).
Wie oben, Küste ist aber nach Ost oder Nordost ausgerichtet.	Wie oben.	Wie oben.	Solange der Wind (vor einer nach Osten ausgerichteten Küste) nicht auf SE dreht, bleibt das Revier durch die nahe Küste recht gut geschützt. Dreht der Wind und kommt über See, treten die oben beschriebenen Seegangsbedingungen auf.
Wie oben, ist aber nach West oder Südwest ausgerichtet.	Wie oben.	Wie oben.	Der auflandige Wind (oft mit Cumuli und manchmal mit Schauern) wird auch nach einem Rückdreher auflandig bleiben, sodass der Seegang steiler wird. Setzt sich die neue Windrichtung durch, kommt es zu Kreuzseen.
Wie oben, ist aber nach Nordwest bis West ausgerichtet.	Wie oben.	Wie oben.	Der auflandige Wind (wenn er weht) wird bald ablandig drehen und vorübergehend abnehmen. Der herrschende Seegang wird weniger steil und kann unter Land zunächst schwach sein.

Der Wetterbericht wird etwa so lauten: Zunächst überwiegend heiter, später zunehmende Bewölkung; während des Vorhersagezeitraums eventuell Regen; Wind zunächst schwach bis mäßig, später rückdrehend auf eine südliche Richtung und auf frisch zunehmend. (Diese Seite beschreibt nur Veränderungen während der Zeit, in der sich der Himmel bezieht; für später siehe S. 32 und 36).

Windqualität	*Tägliche Schwankung*	*Erwarten Sie...*	*Morgen*	*Bemerkungen*
Unter Cu-Wolken zunächst mäßiges, gewöhnlich regelmäßiges Drehmuster. Wind eher zufällig, weil die hohe Bewölkung die Sonneneinstrahlung behindert. Es kann aber trotzdem zu starken Drehern kommen. Wenn der Wind in eine auflandige Richtung dreht, wird sich jedes regelmäßige Muster abschwächen. Auffrischender Wind wird jedoch größere, zufällig auftretende Luftturbulenzen erzeugen.	Bei ablandigem Wind wie auf S. 47 und 52 beschrieben. Keine wesentlichen Dreher, wenn der Wind von See kommt (es sei denn, eine andere Küste liegt innerhalb von 50 Seemeilen in Luv).	Zunahme der Bewölkung. Fronten-Wetter. Wind wird aus S-licher Richtung auffrischen. Später Regen.	Hier kann nur der Seewetterbericht helfen. Am wahrscheinlichsten sind Schauer, aber auch Nebel oder tiefe Wolken und schwüle Wärme möglich. Entwicklung hängt von der Zuggeschwindigkeit der Drucksysteme ab.	Wenn die Bewölkung zunimmt und der Wind stabil bleibt, wird sich gewöhnlich nicht viel ändern.
Aufgrund des Landeinflusses sollte der Wind veränderlich bleiben, bei zunehmender Bewölkung werden die Dreher allerdings mehr und mehr zufällig auftreten.	Normaler Verlauf, wenn es tagsüber nur teilweise bedeckt ist. Das kann aber durch Tiefdruckwinde überlagert werden.	Wie oben.	Wie oben.	
Wenn Cu- oder Cb-Wolken von See heranziehen, ist mit regelmäßigem Drehmuster zu rechnen. Wenn bei bedecktem Himmel ein zunehmender Wind von See weht, eher zufällige Turbulenzen und recht mäßige Dreher. Sind die Drehmuster unregelmäßig, siehe S. 79, geht ein gewittriger Trog durch oder es kommt später zu heftigen böigen Schauern.	Sollte gering oder gar nicht spürbar sein.	Wie oben.	Wie oben.	
Von See kommend oft zunächst Cu- oder Cb-Wolken, also regelmäßige Drehmuster. Wenn der Wind rückdreht, verschwinden die Cumuli und das Drehmuster wird unvorhersehbar.	Bei ablandigem Wind tagsüber Turbulenzen und aufsteigende Warmluft. Dreher bis in den Abend: Wind wird nur sehr langsam zunehmen und kann nachts zunächst nur schwach wehen.	Wie oben.	Wie oben, aber wenn es sehr warm wird, kann der Wind ablandig oder parallel zur Küste wehen. Wenn Schauer, kann sich das heutige Muster wiederholen.	

Schönes Wetter – Cumulus-Wolken

Wichtige Erkennungsmerkmale: Morgens heiter mit für die Jahreszeit normalen oder niedrigen Temperaturen. Meist ein sonniger, heller Morgen mit geringer Bewölkung; möglich sind Dunstfelder, die sich aus Senken o. Ä. erheben. Etwaige höhere Bewölkung ist gewöhnlich dünn und aufgelockert. Im Laufe des Vormittags, also nach 08.00 bis 09.00 Uhr LSZ, entwickeln sich Cumuli. Später häufig eine schnelle Entwicklung, siehe Foto S. 46. Gute Sicht.

Fahrtgebiet	*Zeit (LSZ)*	*Eindruck des Tages*	*Einschätzung der Segelbedingungen*
Strand-Bereich mit ablandigem Wind (Abweichungen in Küsten- und Binnen-Bereich in den Spalten 7 und 8)	08.00 bis 12.00 Uhr	Morgens: Klar und oft kalt; gute Sicht; gelegentliche, sich schnell auflösende Dunstfelder, Später: Es bilden sich Cu-Wolken, zuerst über von der Sonne beschienenen Hängen; können an optimalen Tagen einzelne Elemente bleiben oder abflachen und sich zu einer Sc-Schicht verändern, die später oft ausdünnt. Hohe Wolkenfelder lösen sich im Laufe des Vormittags auf.	Seewind, wenn der Wind gegen 08.00 bis 09.00 Uhr schwächer als mit 4 bis 6 kn weht (siehe S. 54 bis 56). Gegen Mitte des Vormittags nachlassender Wind und Flautenlöcher vor der Drehung zum Seewind. Weht es gegen 08.00 bis 09.00 Uhr mit 5 bis 9 kn, Seewind erst gegen Nachmittag. Ein Winddreher oder Wind mit 10 bis 15 kn: Dass der Seewind um die Mittagszeit den Gradientwind abschwächt, ist wenig wahrscheinlich (außer in niedrigen Breiten). Bei Wind von mehr als 15 kn wird es über Tag keine großen Veränderungen geben.
Strand-Bereich mit Seewind oder ablandigem Wind	12.00 bis 18.00 Uhr	Wenn sich der Seewind entwickelt hat, ist der Himmel seewärts der Front gewöhnlich wolkenlos. Kühlender, gleichmäßiger Seewind. Im Bereich der Seewind-Front bilden sich große Cumuli und unvorhersehbare Winddreher (Foto S. 60). Örtlich Dunst. Bei einem mäßig oder stärker wehenden ablandigen Wind bilden sich gewöhnlich Cumuli-Bänke oder Schichten aus Stratocumuli und es ist warm. Mittlere Sicht.	Wenn sich der Seewind etabliert hat, am Nachmittag stetige, oft langsam rechtdrehende Brise. Gegen Ende des Zeitraumes kann der Wind bis zur Flaute abnehmen. Ein Morgenwind mit 5 bis 9 kn weicht dem Seewind oft erst am Nachmittag, Möglichkeit der Rückkehr des ablandigen Windes bei Nachlassen des Seewindes. An einem guten Tag kann ein mäßiger bis frischer ablandiger Wind drehen, aber kein echter Seewind.
Strand-Bereich mit Leichtwind oder Flaute oder ablandigem Wind	18.00 bis 08.00 Uhr	Abends gewöhnlich dunstig mit klarem Himmel. Niedrige Wolken lösen sich auf. Häufig eine klare Nacht mit leuchtenden Sternen. Niedrige Wolken am Abend oder in den ersten Nachtstunden können auf Störungen hindeuten.	Nach einem Seewind-Tag am Abend Flaute oder nur schwacher Wind. Gegen Mitternacht kann sich der nächtliche Landwind einstellen, siehe S. 62. Ein Gradientwind tagsüber kann abends aus einer neuen Richtung kommen und nachts durchstehen. Kommt ein Tiefdruckgebiet? (Siehe S. 26)
Strand-Bereich mit auflandigem Wind	Morgen- bis Abenddämmerung	Der frühe Morgen ist kühl, oft mit zerfaserten Cumuli über See, die sich über Land zu Stratocumuli verändern. Wenn es morgens bedeckt ist, kann sich die Bewölkung mit zunehmender Sonneneinstrahlung auflösen. Ist es morgens wolkenlos, bilden sich mit zunehmender Wärme später Wolken.	Am frühen Morgen weht ein Gradientwind (wegen der Richtung kein nächtlicher Landwind). Bei aufgelockerter Bewölkung verstärkt der See- den Gradientwind. Gegen Mitte des Nachmittags weht es am stärksten, Böen möglich, abends abflauend. Die Windrichtung kann von einem starken Seewind zu mehr auflandig verändert werden. Weht es stärker, später Sicherheitsmaßnahmen.
Strand-Bereich mit auflandigem Wind	Abend- bis Morgendämmerung	In der Abenddämmerung von See heranziehende Wolken bleiben vermutlich über Nacht. Die Luftströmung sollte allerdings entweder Cumuli über See oder einen klaren Himmel bringen. Setzt sich der nächtliche Landwind durch, bilden sich über Land gewöhnlich keine niedrigen Wolken, dann aber ist mit ausgefransten Cu- oder Cb-Wolken im gesamten Küstenbereich zu rechnen.	Bei Nacht kann sich der auflandige Wind völlig anders anfühlen als ein ablandiger – eher wie der Wind am Tage. Rechnen Sie mit Böen und Wirbeln. Weht es mit mehr als 7 bis 10 kn, sind Veränderungen eher unwahrscheinlich. Nächtlicher Landwind kann leichte auflandige Winde in der Nacht allerdings abschwächen oder umkehren. Zwischen Drehern ist mit flauen Abschnitten zu rechnen.

Der Wetterbericht wird etwa so lauten: Schön oder heiter mit langen sonnigen Abschnitten; leichte, veränderliche Winde; Seewind an den Küsten; durchschnittliche Temperaturen. Oder: Überwiegend heiter mit sonnigen Abschnitten; Schauerrisiko am Nachmittag; Wind leicht bis mäßig bis frisch. Es können auch Nebelfelder am Morgen erwähnt werden. Sonst gute Sicht.

S. 98 Manchmal können sich auch bei recht starkem Wind Gewitterwolken bilden. Hier der Amboss eines ausgewachsenen Gewitters bei 5 bis 6 Bft. Der meiste Wind wird unter dem Niederschlagsgebiet rechts im Bild zu erwarten sein.

Windqualität	*Erwarten Sie …*	*Abweichungen Küsten-B. binnen*	*Abweichungen Binnenbereich*
Morgens: Oft zufällige Dreher. Wenn sich Cumuli bilden, regelmäßige Drehmuster, siehe S. 74. Vor der Seewind-Front wird das Muster oft unregelmäßig, siehe S. 79. Unter der Front starke Dreher, die schnell durchziehen. Aus dem ablandigen wird plötzlich auflandiger Wind, siehe S. 51 bis 55. Seewind: meist unregelmäßige Drehmuster.	Wenn sich der Seewind etabliert hat, wird er auch durchstehen, wenn keine Schauer oder dichte Wolken. Wenn der Wind gegen Ende noch ablandig weht, aber nachlässt, steht der Seewind unmittelbar bevor. Bei ablandigem, aber zunehmendem Wind wird kaum Seewind kommen. Am Nachmittag Seewind am stärksten, später Dreher möglich.	Seewind hier manchmal nicht vor 12.00 Uhr. Oft kommt es zu Morgenwinden mit unterschiedlichen Drehmustern. Seewind am Nachmittag, vor allem hinter einer Hügelkette an der Küste. Bei einer geringen Cu-Bewölkung mehr als 10 bis 15 kn und Wind selten Seewind.	Wie im Küsten-Bereich binnen, aber der Seewind kommt, wenn überhaupt, entsprechend später. Es ist deshalb unwahrscheinlich, dass sich der Seewind in dem angegebenen Zeitraum in diesem Bereich entwickelt.
Normal: Wenn Cu-Bewölkung und ablandiger Wind durchstehen. Anormal: Wenn die spät einsetzende Seewind-Front stationär ist. Ungewöhnliche Änderungen: Unter Seewind-Front kommt es zu Flauten und unbeständigen Drehern. Setzt sich der Seewind durch, wird er gewöhnlich unregelmäßige Drehmuster haben.	Wenn der Seewind noch nicht eingesetzt hat, aber alle Voraussetzungen erfüllt sind, auf die nahende Seewind-Front achten, siehe S. 58. Kommt die Front Mitte des Nachmittags im Strand- und nahen Küsten-Bereich Flautenlöcher und überraschenden Dreher. Weht es mäßig oder frisch, gegen Abend Nachlassen mit Winddrehung üblich.	In diesem Zeitraum erreicht der Seewind üblicherweise den Küsten-Bereich binnen und steht zunächst durch (Zeiten usw. siehe S. 58). Weht es am Morgen mit 6 bis 8 kn, kann die Seewind-Front über diesem Bereich verharren.	Jetzt kann der Seewind den Binnenbereich erreichen (Zeiten usw. siehe S. 58). Weht es am Morgen mit 6 bis 8 kn, kann die Front über diesem Bereich verharren. Nur unter optimalen Bedingungen zieht sie weiter landeinwärts.
Der Seewind wird unregelmäßig und hört auf. Abendwind, aber dann unbestimmtes Drehmuster. Nächtlicher Landwind stetig und oberflächennah. Dreher im Strand-Bereich durch Topografie beeinflusst.	Nach einem Seewind-Tag folgt ein Abend mit leichtem Wind. Eine zunehmende Höhenbewölkung mit Streifen in alle Richtungen deutet auf schönes Wetter am nächsten Tag hin. Streifen und Bänke in eine Richtung sind Vorboten schlechten Wetters (siehe S. 32 und 33).	Ein schwacher Seewind kann bis zur Dämmerung durchstehen. Wenn nicht, kommt es zu Flautenlöchern oder absoluter Flaute. Wird der Seewind von einem anderen Wind verdrängt, steht dieser meist in der Nacht durch.	An optimalen Tagen zieht die Front bis etwa 21.30 Uhr landeinwärts. Abendliche Flauten. Nächtliche Landwinde gewöhnlich nur in Küstennähe.
Die Windqualität in diesem Bereich hängt von der Strömung ab. Ziehen Cumuli von See heran, wird sich regelmäßiges Muster durchsetzen. Bei zunehmender Erwärmung des Landes kann es Böen und Turbulenzen geben.	Außer der täglichen Schwankung meist wenig Änderungen des Windes, der seine Richtung auch bei beginnender Dunkelheit beibehalten sollte. Trotzdem, hören Sie den Wetterbericht ab.	Die Anmerkungen in Spalte 4 treffen auch auf die Küsten- und Strand-Zonen zu.	Ähnlich wie im Strand-Bereich.
Auflandiger Wind bei Nacht kann regelmäßige Muster haben, die sich durch das Fehlen turbulenter Wirbel besonders bemerkbar machen.	Ein leichter auflandiger Abendwind kann durch den nächtlichen Landwind zunichte gemacht werden, in der Morgendämmerung aber Rückkehr des auflandigen Windes.	Ähnlich wie im Strand-Bereich.	Ähnlich wie im Strand-Bereich.

S. 99 An einem Sonntagnachmittag im Sommer zog eine schwere Gewitterfront von Frankreich über den Kanal. Es gab überraschende Böen von solcher Heftigkeit, dass fast alle Jollensegler an der Südostküste Englands kenterten. Dies ist die Furcht einflößende Wolke kurz vor dem Ausbruch und sollte mit Foto S. 78 und 80 verglichen werden.

Große Cumulus-/ Cumulonimbus-Wolken und Schauer

Ein Tag mit Schauern und heiteren Abschnitten, variablem Wind und stürmischen Böen.
Wichtige Erkennungsmerkmale: Morgens kalt und klar; am späten Vormittag oder nachmittags schnell wachsende Cumuli, die Schauer bringen können (siehe Foto S. 81). Typischer Wind NW 3 bis 5.
Mögliche Gefahren: In schweren Böen verdoppelt sich die mittlere Windgeschwindigkeit, besonders wenn sie mit Schauern einhergehen. Viele Kenterungen auf geschützten Gewässern, weil Böen sich nicht von der Topografie behindern lassen. Gelegentlich Donner.

Fahrtgebiet	*Tageszeit (LSZ)*	*Eindruck des Tages*	*Einschätzung der Segelbedingungen*
Strand- und Küstenbereich binnen mit ablandigem Wind. *Anmerkung*: Bis auf die Seewind-Effekte gelten die Angaben auch für Binnengewässer.	Früher Vormittag 08.00 bis 09.00 Uhr	Morgens kalt und klar. Wenn es einige Dunstfelder und nebelartige Wolken gibt, verändern sie sich zu Cumuli. Bilden sich zerfaserte Cumuli, ist später mit Schauern zu rechnen. Der Wind am frühen Morgen erscheint oft stark. Gewöhnlich gute Sicht. Kaum hohe Bewölkung.	Drehende Winde seit dem frühen Morgen. Rechnen Sie mit beständigen Drehern, 1. wenn sich der nächtliche ablandige Wind abschwächt; 2. wenn die Sonne die nächtliche Temperatur-Umkehr aufbricht; 3. wenn der Einfluss des Seewindes zunimmt.
Wie oben.	Vormittag 10.00 bis 12.00 Uhr	Die Sonne bringt einige Wärme, im Schatten aber bleibt es kühl. Die Cu-Bewölkung nimmt zu, sollte aber aufgelockert bleiben. Später folgen Schauer. Wenn sich die Cumuli über den ganzen Himmel verteilen, wird es keine Schauer und nur schwache Böen geben.	Segler sollten mit Regen und Spritzwasser rechnen. In Schauern starke Böen. Weht der Wind schwächer als mäßig, wird der Seewind den ablandigen Wind abschwächen, evtl. auch starke Drehung. Bei Schauern verschwinden diese Einflüsse.
Wie oben.	Nachmittag 13.00 bis 17.00 Uhr	Am Nachmittag setzt sich gewöhnlich eine mit Schauern durchsetzte Strömung der Stärke 4 bis 5 durch. Zwischen den Schauern sollte blauer Himmel zu sehen sein. Schwache Tröge können allerdings ausgedehnte Schauerfelder produzieren, denen manchmal eine aufgelockerte Bewölkung vorangehen und folgen kann. Gefahr einzelner durchziehender Gewitter.	Meist hartes Segeln. Die Böen erreichen ihr Maximum, werden aber möglicherweise nicht so sehr wahrgenommen, weil der mittlere Wind nachmittags stärker weht. Rechnen Sie mit kenternden Jollen. Denken Sie daran, dass der Wind zunehmen wird (siehe S. 12), wenn Sie den Hafen verlassen. Wenn sich Schauer früh auflösen oder spät bilden, kann sich der Seewind durchsetzen.
Strand- und Küstenbereich binnen mit ablandigem Wind	Abend 18.00 Uhr bis Sonnenuntergang	Schauer nehmen ab, es kann aber immer noch zu Gewittern kommen. Gewöhnlich klart es auf. Wind und Böen nehmen rapide ab. Die Sicht verschlechtert sind ein wenig.	Der Wind kann sehr schnell nachlassen und aus beliebigen Richtungen kommen. Wenn es morgens Schauer und nachmittags Seewind gab, ist abends auf geschützten Revieren oft Flaute.
Wie oben.	Nachts	Heiter, leuchtende Sterne, vor allem auf See eine kalte Nacht (siehe S. 62).	Wenn es nach Sonnenuntergang abgeflaut hat, ist mit nächtlichem Landwind zu rechnen. Weht es leicht bis mäßig, wird der Wind außerhalb der Landabdeckung stärker.
Strand- und Küsten-Bereich binnen mit auflandigem Wind	Vor- und Nachmittag	Die Luftströmung muss kälter als das Seewasser sein, damit sich Schauer bilden können. Deshalb kommen Schauer vor allem an Küsten vor, die in nördliche Richtungen offen sind. Es kann über Land zu Schauern kommen, auch wenn sich auf See keine bilden. Außerhalb von Schauern gute Sicht.	Nasskalter, auflandiger Wind mit Schauern beschert keine schönen Segelbedingungen. Gewöhnlich starke Bewölkung, abhängig von der Luftströmung. Weiter landeinwärts auf Flüssen und Seen böige Schauer oder starke Cu-Bewölkung mit mäßigen Schwankungen.
Wie oben.	Abends und nachts	Bei Schauerwetter kommt es nicht zu der täglichen Schwankung, Schauer halten über Nacht an. Es ist kalt und der Wind steht abends durch. Die Schauer können vor Beginn der Morgendämmerung sogar zunehmen.	Rechnen Sie mit manchmal unsichtbaren Schauern und deren Böen. Wenn es zunächst nicht zu Schauern kommt, muss es nicht in der Nacht trocken bleiben. Wenn Sie den Landschutz verlassen, rechnen Sie mit Windzunahme und Böen.

Der Landwetterbericht wird etwa so lauten: Heiter oder schön, später z. T. heftige Schauer (manchmal können auch Gewitter erwähnt werden), die über Nacht nachlassen. (Das bezieht sich nicht auf Küsten mit auflandigem Wind, wo die Schauer die ganze Nacht über anhalten können.)

Wenn es dann keine Schauer gibt, können Sie sich in einem Schauerloch (in Lee von Hügeln) befinden oder die hohe Luftströmung senkt sich ab und verhindert die Bildung von Schauern. Später kann Regen kommen, wenn die Bewölkung in der Höhe zunimmt, oder aber auch heiteres Wetter, wenn der Himmel überwiegend wolkenlos bleibt.

S. 102 Hier sind wir so dicht am Gewitter, dass die Gefahr besteht, kurzfristig in eine plötzliche Kaltluftströmung aus seiner Richtung zu geraten; dies ist am wahrscheinlichsten vor der rollenartigen Wolke links.

Windqualität	*Erwarten Sie…*	*Anmerkungen*
Zunächst möglicherweise unregelmäßiges Drehmuster (siehe S. 79), das mit steigender Sonne zu einem regelmäßigen (siehe S. 74) wird. Zu tageszeitlichen Veränderungen siehe »Tägliche Schwankungen« auf S. 48.	Der Wind frischt auf, meist deutlich spürbar, wenn sich Cumuli bilden – zu dieser frühen Zeit sind sie meist noch nicht erkennbar. Wenn sich Cumuli bilden, ist mit einem Dreher in Richtung des Gradientwindes (Wetterbericht?) zu rechnen.	Hier handelt es sich um typisches Rückseitenwetter. Es kann einige Tage anhalten oder auch schnell aufheitern (mit der Möglichkeit eines weiteren heranziehenden Tiefdruckgebietes).
Kann noch unregelmäßig sein, wenn die Sonne die Temperatur-Umkehr über Land noch nicht aufgebrochen hat. Trotzdem hat die Luftströmung meist ein regelmäßiges Drehmuster. Sobald sich Cumuli bilden, wird das Muster regelmäßig.	Cumuli zeigen aufsteigende Warmluftströmung an, die den Gradientwind an die Oberfläche bringt. Heitere Vormittage: Abschwächung des Windes in Küstennähe durch Seewindeinfluss. Weht der ablandige Wind mit 8 bis 10 kn oder weniger, gibt es Seewind über dem Strand-Bereich, in Schauern normalerweise wieder Gradientwind.	Wenn weder von Schauern noch von großen Cumulonimben eine Spur zu sehen ist und der Wind schwächer als 10 kn weht, siehe S. 59. Ist der Wind stärker, gelten die Aussagen dieser Seite.
Unter Cumuli: Böen-Zellen mit den geringsten Drehern, aber den größten Schwankungen bezüglich der Windgeschwindigkeit. Unter Cb-Wolken (Schauer): Schauerzellen höchster Intensität. Frühjahr und Herbst: Rechnen Sie gegen Ende des Zeitraumes mit einer Rückkehr zu unregelmäßigen Drehmustern.	Die Bedingungen des frühen Nachmittags halten an, gegen Mitte des Nachmittags erreicht der Wind seine größte Stärke. Dann lässt der Wind zunächst allmählich, zum Ende des Zeitraumes spürbar nach. Wenn der Wind mit Beginn des Abends nicht abflaut, ist mit einer Zunahme des Gradientwindes zu rechnen.	Im Strand-Bereich und der seenäheren Zone des Küsten-Bereichs binnen können zu dieser Zeit Windänderungen durch Seewind auftreten, auch wenn die Bedingungen dagegen zu sprechen scheinen.
Die regelmäßigen Böen-Zellen des Nachmittags können sich zu einem unregelmäßigen Drehmuster verändern. Tendenz zu laminarer Strömung über großen Wattflächen bei Niedrigwasser.	Jetzt flaut der Wind am meisten ab. Bei klarem Himmel deutet das auf eine spätere Windzunahme aufgrund nächtlicher Landwind-Effekte hin; allerdings erst im nächsten Zeitabschnitt, wenn es keine starken katabatischen Winde von küstennahen Hügeln gibt.	Normalerweise weht in diesem Zeitraum ein ablandiger Gradientwind, manchmal kommt es auch zu flauen Bedingungen und unvorhersehbaren Drehern.
Leichte Winde gehen mit unbestimmbaren Drehern einher. Bei starkem Wind kann es zu wellenartigen Böen-Flauten-Mustern kommen.	Wenn der Gradientwind ablandig geweht hat, hält dies in der Nacht an. Größte Wahrscheinlichkeit für Flaute bei Morgendämmerung. Katabatische Winde von küstennahen Hügeln möglich.	Jollensegeln im Mondschein ist nicht gerade üblich, Fahrtensegler jedoch können diese Informationen brauchen.
Dreher in den Böen sind normal, die Schwankungsbreite wird jedoch eher gering ausfallen. Böen werden durch Schauer verstärkt und sollten auf der Nordhalbkugel Rechtdreher bringen (Rückdreher auf der Südhalbkugel).	Den ganzen Tag über immer wieder Schauer. Kommen diese nicht, achten Sie darauf, ob sich in der Höhe Wolken bilden – zieht ein Tiefdruckgebiet heran? Oder die absteigende Luft eines sich entwickelnden Hochdrucksystems beendet die Schauertätigkeit. Schwacher Wind und küstennahe Hügel können heftige Schauer und manchmal Gewitter bringen.	Viele Wettersysteme mit auflandigem Wind möglich, z. B. klarer Himmel über See – Wolkenbildung über Land. Seewind kann wolkenfreie Küstenbereiche selbst bei auflandigem Wind schaffen.
In der Nacht ist die Schwankungsbreite recht hoch und die Böentätigkeit in Schauern (manchmal selbst ohne Schauer) hält an. Der Landwind steht gegen den auflandigen Wind, so nach Mitternacht abflauender Wind und stabilere Bedingungen.	Die abendliche Schauertätigkeit setzt sich in der Nacht fort, Unterbrechungen sind möglich, manchmal aber gibt es auch starke Schauer. Weht der Wind am Abend mit 10 kn oder weniger, nimmt er gegen Mitternacht ab. Gegen Morgen frischt er möglicherweise wieder auf, weiter im Landesinnern wird es jedoch flaue Bedingungen wie gewöhnlich geben.	Auflandige Nachtwinde können über Land viele unterschiedliche Auswirkungen haben. Wir haben uns auf Luftströmungen konzentriert, die über See Schauer entwickeln und sie landeinwärts tragen.

S. 103 Binnengewässer haben ihre eigenen regionalen Windsysteme. Der Wind wird in Längsrichtung des Sees oder Flusses gelenkt und Böen, wie man sie an der gerippten Wasseroberfläche rechts erkennen kann, kommen recht häufig vor und sind meist unvorhersehbar. Dabei kann der Himmel bedeckt sein.

Warme Tage – eventuell gewittrig

Wichtige Erkennungsmerkmale: Eine lange anhaltende Hitze- und Schönwetterperiode hat zu Überhitzung und Feuchtigkeit geführt. Es gibt jetzt erheblich mehr Wolken als vorher. Schlechte Sicht – Hitzedunst. Der Wind kann aus ungewöhnlichen Richtungen kommen, zum Beispiel aus E, wenn W-liche Richtungen vorherrschend sind oder aus anderen Richtungen wie S oder SW bei sehr drückendem Wetter.

Typische Morgensituation, 08.00 bis 12.00 Uhr	*Woran man Veränderungen erkennt*	*Zu erwartende Windänderungen*
Warm oder relativ warm, meist mit zunächst wenig Wind. Wie auf Foto S. 85 ziehen hohe oder mittelhohe Wolken heran. Gewöhnlich nicht viele Wolken in der Frühe. Dunstig oder schlechte Sicht. An der Küste selbst kann sich Nebel bilden.	Wenn hohe Wolken aus einer Richtung links* des Gradientwindes heranziehen, ist am späten Nachmittag oder auch schon früher mit starken Regenfällen oder Gewittern zu rechnen. Ein mögliches Szenario ist, dass sich die mittelhohen Wolken um die Mittagszeit auflösen und sich anschließend neue Wolken bis hin zur völligen Bedeckung bilden. Tritt dieses nicht ein, ist mit einem Seewind zu rechnen. (* ›rechts‹ auf der Südhalbkugel)	Seewind? (Siehe S. 51 ff) Weht es mäßig bis frisch, hält der Gradientwind durch und dreht rück. Dreht der Wind mit zunehmender Bewölkung rück, Wetterverschlechterung. Am Nachmittag frischt der Wind auf. Bei starken Regenfällen oder Gewittern ist mit Böen zu rechnen. Wenn sich die Bewölkung so wie auf Foto S. 78 entwickelt, können die Böen recht stark werden (30 bis 50 kn). Wenn die Gewitterfront durchgezogen ist, kommt kühlerer, mäßiger oder frischer Wind aus der Richtung, aus der am Morgen die mittelhohe Bewölkung heranzog.
Wie oben.	Wenn der Gradientwind etwa parallel zur Zugrichtung der hohen Bewölkung weht – die Wolken formieren sich in Reihen entlang der Windrichtung in ihrer Höhe – kommt es zu keinen bemerkenswerten Wetteränderungen, auch wenn Wolken durchziehen. (Gilt auch für die Südhalbkugel.)	Weil die Wolken weniger werden, kann sich der Seewind ausbilden. Weht der Wind mäßig oder frisch, werden die morgendlichen Bedingungen den ganzen Tag über anhalten. Dreht der Oberflächenwind rück*, kann dies zu Wetterverschlechterung (s. o.) führen. (* ›recht‹ auf der Südhalbkugel)
Die bereits älteren Wolken der Front brechen auf und verschwinden. Es ist nun deutlich kühler als zuvor. Der Himmel könnte wie auf Foto S. 29 aussehen, wenn die Aufheiterungsphase irgendwann am Vormittag oder am frühen Nachmittag einsetzt.	Wenn hohe Wolken aus einer Richtung rechts* des Gradientwindes heranziehen, ist mit einer Abnahme der Bewölkung zu rechnen. Es können sich Cumuli bilden, die zunächst jedoch ziemlich klein bleiben. (* ›links‹ auf der Südhalbkugel)	Seewind wird immer wahrscheinlicher, weil Sonnenschein und sich bildende Cumuli zu seiner Entstehung beitragen. Weht der Wind mäßig bis frisch, sollte er bald in eine neue, dauerhafte Richtung rechtgedreht* haben. Er wird im Laufe des Tages auffrischen. (* ›rückgedreht‹ auf der Südhalbkugel)
Typische Situation am Nachmittag, 13.00 bis 15.00 Uhr		
Der Morgen war warm, aber nun bilden sich mehr und mehr hohe Wolken. Etwaiger Morgennebel hat sich aufgelöst, die Sicht ist dennoch nicht besonders gut.	Aus einer Richtung links* des Morgenwindes, also des Windes vor dem Beginn des möglichen Seewindes, ziehen in der Höhe ziemlich sicher Gewitterwolken auf. Rechnen Sie mit Gewittern oder starken Regenfällen. (* ›rechts‹ auf der Südhalbkugel)	Neue Windverhältnisse: Bei aufziehenden Gewittern und unter 10 kn Wind zunehmende Tendenz, zum Gewitter hin zu wehen. Weht es mit 15 bis 20 kn, wird die Windrichtung ähnlich bleiben, der Wind aber plötzlich und heftig und dann mit der Front auf Sturmstärke auffrischen. Heftige und kalte Böen aus dem Gewitterzentrum.
Wolkenloser Nachmittag mit einem kühlenden Seewind. Vielleicht ziehen in der Höhe einige Wolken, die aber nicht annähernd so bedrohlich sind wie in der zuvor beschriebenen Situation.	Im Strand- und Küsten-Bereich binnen achten Sie auf Anzeichen eines sich über den Hügeln zusammenbrauenden Gewitters. Der Seewind unterstützt dessen Entwicklung. Fallwinde schieben den Seewind davon.	Noch anhaltender Seewind. Vor einem Gewitter werden ihn die Fallwinde von Land vor oder während des Abends auf den See hinausblasen. Der Wind von Land ist dann kalt und steht evtl. für den Rest der Nacht durch. Wenn man Donner hört, ist mit starkem Wind aus dieser Richtung zu rechnen.

Windqualität	*Anmerkungen*
Gewöhnlich unregelmäßig und manchmal sehr variabel (siehe S. 79), vor allem bei leichtem Wind. Bei Nebel oder zu tiefen, formlosen Wolken aufsteigendem Nebel zufällige Muster. Tendenz zu regelmäßigen Mustern, wenn sich Cumuli bilden (siehe S. 75).	Derartige Tage enden nicht unbedingt mit Gewittern, kündigen aber meist das Ende einer Schönwetterperiode an. Die beschriebene Situation ist die einer heranziehenden Front, die durch aufsteigende Warmluft gewittrig wird. Das geschieht vor allem im Sommer, wenn Fronten über warme Landmassen hinwegziehen.
Meist unregelmäßig mit nicht sehr stark ausgeprägten Drehern. Entwickelt sich am Nachmittag sehr oft zu einem regelmäßigen Muster. Bilden sich Cumuli, ist ebenfalls mit regelmäßigen Mustern zu rechnen.	Der Vormittag kann den oben beschriebenen Eindruck machen, ohne dass es allerdings zu Konsequenzen kommt. Höhen- und Oberflächenwindrichtungen müssen deutlich voneinander abweichen, bevor sich eine Wetteränderung abzeichnet.
Jetzt vielleicht zufällig, kann aber zu dieser frühen Stunde auch regel- oder unregelmäßig sein. Bilden sich Cumuli, kommt es am Nachmittag ziemlich sicher zu regelmäßigen Mustern. In einer sehr trockenen Luftströmung bilden sich keine Wolken.	Wahrscheinlich geht eine alte Kaltfront oder eine Okklusion durch. Der Himmel unmittelbar hinter der Front wird meist nicht wie im Lehrbuch aussehen. Oft sieht man bei aufgelockerter Höhenbewölkung kaum tiefe Wolken. Trotzdem können noch zusammenhängende Wolkenbänder quer zur Windrichtung auftreten. Ob mit oder ohne Bewölkung, fast immer kommt es zu einem Rechtdreher* des Windes beim Durchgang der Front. (* ›Rückdreher‹ auf der Südhalbkugel)
Wegen der aufsteigenden Warmluft entwickeln Nachmittagswinde sehr viel öfter regelmäßige als unregelmäßige Muster. An einem sehr heißen Tag allerdings kann es unregelmäßig bleiben, wenn sich der Seewind trotzdem nicht entwickelt. Bei Seewind werden zufällige oder andere Muster von einem sich möglicherweise entwickelnden Gewitter weggeblasen.	Der heiße, dunstige Vormittag hat vielleicht auf Gewitter hingedeutet, es ist jedoch nichts passiert. Dies ist umso wahrscheinlicher, je später es wird.
Seewind bedeutet zufällige, unregelmäßige Dreher. In der Nähe einer sich bildenden Gewitterfront allerdings wird es zu ungewöhnlichen Drehern kommen, die bald in Richtung des Gewitters und später aus ihm heraus wehen.	Der Seewind ist an derartig warmen und feuchten Tagen meist schwach. Er wird sich nur langsam aufbauen, langsam landeinwärts ziehen und nur schwach wehen. Entwickelt sich allerdings über den küstennahen Hügeln ein Gewitter, kann dies den Seewind am Nachmittag oder frühen Abend plötzlich auffrischen lassen.

Wellen an Fronten

Mit der Weiterentwicklung der Computertechnologie sind die Vorhersagen von Tiefdruckgebilden und Fronten immer besser geworden, auch wenn eine Vorhersage für drei Tage nicht so genau sein kann wie eine für 24 Stunden. Eine Wettererscheinung allerdings, die zeitweise für schlechtes Wetter sorgen und nicht leicht vorhergesagt werden kann, ist die Frontenwelle.

Eine Frontenwelle ist ein kleines Tiefdruckgebiet, eine Kerbe in einer an sich geradlinig verlaufenden Front, die auf einer Wetterkarte aussieht wie in Abb. 8 dargestellt. Wellen bilden sich vor allem an Kaltfronten. Wellen ziehen an einer Kaltfront entlang wie eine Bucht in einem Stück gespannten Tauwerks; sie sind recht schnell und erreichen in einem Starkwindsystem Zuggeschwindigkeiten von 50 bis 60 kn.

Eine Welle verhindert die Auflösung einer Front und bremst Wolken und Regen, die an sich weiterziehen sollten.

In Abb. 8 (a) (zur Ausgangszeit) befinden Sie sich in Punkt A und die Bewölkung der Kaltfront beginnt aufzulockern. Sie erwarten jetzt gutes Wetter. Aber leider kehren Wolken und Regen zurück und das Barometer beginnt zu fallen. Die gestrichelte Linie zeigt den normalen Verlauf der Kaltfront ohne Welle. Das die Welle bildende Mini-Tief liegt mit seinem Kern hinter der eigentlichen Front, sodass sich ein Teil der Kaltfront vorübergehend gegen die eigentlicher Zugrichtung bewegt und deshalb zu einer Warmfront wird, während der andere Teil noch immer als Kaltfront der eigentlichen Frontenlinie folgt.

In Abb. 8 (b), meist etwa eine Stunde später (der Zeitraum kann jedoch auch kürzer oder länger sein), hat der (in diesem Falle) mäßige NW-liche Wind abgeflaut und ist variabel geworden. Er kann sogar aus völlig unerwarteten Richtungen wie aus E kommen. Sie mögen es vielleicht nicht erkennen, aber Sie befinden sich dicht am Kern des Mini-Tiefs.

Nach einer weiteren Stunde in Abb. 8 (c) klart es in Luv wieder auf und der Wind von zwei Stunden zuvor kommt zurück. Das Barometer steigt wieder, wenn auch langsam. Die Welle ist abgezogen und Sie können mit einer dauerhaften Aufheiterung rechnen.

So kommt es, dass Wellen länger als erwartet für schlechtes Wetter sorgen. Sie erzeugen in der näheren Umgebung des ziehenden Mini-Tiefs auch Winde, die versuchen, direkt ins Zentrum zu wehen. Wegen der hohen Zuggeschwindigkeit von Wellen halten diese Phasen nicht lange an und unerwartete Winddreher sind deshalb von nur kurzer Dauer.

Tiefdruckgebiete beginnen als solche Wellen und können bei ihrem Zug entlang einer mehrere hundert Seemeilen langen Front zu gewaltigen Tiefs werden. An relativ kurzen Fronten allerdings haben Wellen eine nur kurze Lebensdauer.

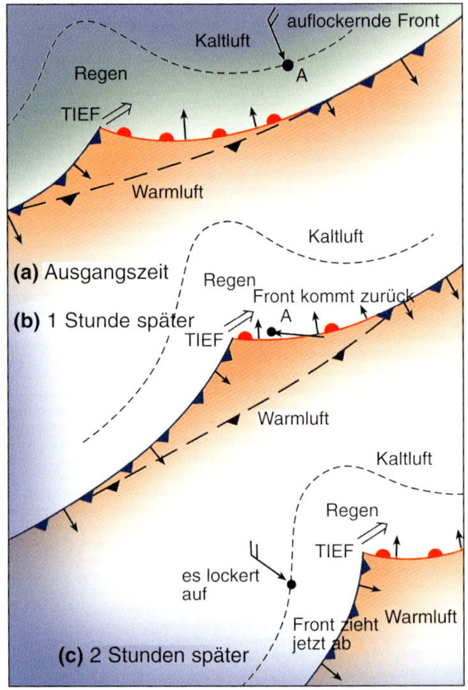

Abb. 8

S. 107 Auf Binnenseen zwischen Bergen oder hohen Ufern sollten Segler sehr aufmerksam sein. Hier herrschen bei leichten und mäßigen Winden Berg- und Talwinde vor, aber überraschend können von den Bergen schwere Böen einfallen. *Foto: Inge Moore*

Weil es so viele unterschiedliche Möglichkeiten gibt, haben wir uns einen fiktiven See ausgedacht (siehe S. 110), an dem wir die unterschiedlichen Winde erläutern, mit denen zu rechnen ist. Wir gehen an drei Seiten von hohen Ufern aus, während es nach Süden hin eben ist. Es werden aber auch die charakteristischen Bedingungen an Seen beschrieben, die nur an einer Seite ein steiles Ufer haben (siehe unten). Die Grafik kann gedreht werden, wenn der ebene Bereich nicht nach Süden, sondern in eine andere Richtung öffnet.

Lage	*Thermische Möglichkeiten (ruhiges Wetter)*	
Ansteigende Ufer an drei Seiten wie in Abb. 9. (Bewaldete Hänge bis an die Ufer können anabatische Winde verhindern.)	Morgen	Anabatische Strömung an das Westufer and später nach Norden.
	Nachmittag	Das tägliche Auffrischen des Gradientwindes überdeckt gewöhnlich die meisten thermischen Einflüsse, N-liche Winde werden jedoch gebremst, S-liche verstärkt. E-liche und W-liche Winde tendieren in N-liche Richtungen.
	Abend	Katabatische Strömung ablandig vom Westufer.
Ansteigende Ufer vor allem nach Westen	Morgen	Größte Wahrscheinlichkeit für anabatische Strömung an das Westufer.
	Nachmittag	Die anabatische Strömung an das Westufer lässt nach. Gradientwind aus N oder S wird bei bergigem Gelände in Ufernähe mehr parallel zum Westufer abgelenkt.
	Abend	Schon früh Tendenz zu katabatischer Strömung vom Westufer.
Ansteigende Ufer vor allem nach Norden	Morgen	Vom späten Vormittag bis in den Nachmittag hinein größte Wahrscheinlichkeit für anabatische Strömung an das Nordufer.
	Nachmittag	Die anabatische Strömung an das Nordufer lässt im Laufe des Nachmittags nach. Winde aus den W-lichen und E-lichen Quadranten werden abgelenkt.
	Abend	Katabatische Strömung vom Nordufer.
Ansteigende Ufer vor allem nach Osten	Morgen	Am frühen Vormittag geringe thermische Einflüsse.
	Nachmittag	Zunehmende anabatische Strömung an das Ostufer. Winde aus den N-lichen und S-lichen Quadranten werden parallel zum Ostufer abgelenkt.
	Abend	Größte Wahrscheinlichkeit für katabatische Strömung, die im Vergleich zu denen bei nach Westen oder Norden ansteigenden Ufern allerdings nur schwach ausfällt.
Ansteigende Ufer vor allem nach Süden	Vor- oder nachmittags geringe oder keine Wahrscheinlichkeit für anabatische Strömung. An flachen Hängen allerdings kann sich durch die Sonneneinstrahlung ein leichter Wind nach S bilden. Nachmittags und nachts ähnlich schwache katabatische Strömung. Rechnen Sie mit der Ablenkung bestehender Winde.	

Taktische Regel Wenn Sie gegen einen thermisch oder topografisch beeinflussten Wind kreuzen, wenden Sie auf die Seite, nach der Wind gedreht hat. Beispiel: In Abb. 9 gehen Sie davon aus, ein nördlicher Gradientwind kommt durch ein Tal bei D mit einer Tendenz eher zu NW als zu NE und wird verstärkt. Sie wollen am Westufer entlang zu einer Tonne bei M kreuzen. Wenden Sie auf Backbordbug in Richtung D und Sie werden einen schönen Lift bekommen. Der Wind wird zunehmend immer mehr von Backbord der Marke kommen, wenden Sie dann also in Richtung auf sie zu zurück. In anderen Fällen gehen Sie nach dem gleichen Prinzip vor.

Topografische Ablenkung (leichter, mäßiger oder eventuell starker Gradientwind)	*Düsenwirkung und Auffrischen (Gradientwinde stärker als leicht)*
W-Winde neigen über dem Wasser zu NW oder SW, Abdeckung vor dem Westufer möglich. N-Winde neigen zu NW oder NE, Abdeckung vor dem Nordufer möglich. E-Winde neigen zu NE oder SE, Abdeckung im nordöstlichen Teil des Sees möglich. S-Winde neigen in den weit südlichen Bereichen A und B zu SE oder SW.	NW-Winde werden gebündelt und entlang des Nordufers zu W- sowie entlang des Westufers zu N-Wind abgelenkt. In der Mitte des Sees Flautenlöcher möglich. NE-Winde werden gebündelt und entlang des Nordufers zu E- sowie entlang der Ost- und Westufer zu N-Wind abgelenkt (Vergessen Sie nicht zusätzliche thermische Einflüsse.) SE-Winde bleiben konstant, bis sie am Nordwestufer gebündelt und abgelenkt werden. SW-Winde werden am Westufer zu S-Wind abgelenkt. S-Winde müssen sich aufteilen, um gebündelt nach NE und NW abziehen zu können. Dadurch kann es am Nordufer zu einem Flautenbereich kommen. Der Wind frischt bei C und D auf.
W-Winde neigen zu NW bei D und SW bei A. N-Winde frischen am Westufer örtlich und über der Seemitte allgemein auf. E-Winde teilen sich im mittleren westlichen Bereich des Sees. S-Winde frischem am Westufer und in der Mitte des Sees auf.	NW-Winde frischen bei D auf; drehen in Richtung A auf Nord. Neigen bei B zu West. NE-Winde drehen bei D auf Ost und entlang des Westufers auf N. SE-Winde werden entlang des Westufers auf S abgelenkt. SW-Winde drehen entlang des Westufers auf S.
W-Winde werden am Nordufer abgelenkt und nehmen zu. Frischen über der Mitte des Sees örtlich auf. N-Winde drehen bei D auf NW und bei C auf NE. E-Winde drehen wie W-Winde. S-Winde neigen dazu, sich in Richtung D und C zu teilen.	NW-Winde drehen bei C auf W. NE-Winde drehen bei D auf E. SE-Winde werden entlang des Nordufers auf E abgelenkt. SW-Winde werden entlang des Nordufers auf W abgelenkt.
W-Winde teilen sich in Richtung C und B. N-Winde werden am Ostufer abgelenkt und frischen in der Seemitte auf. E-Winde neigen bei C zu NE und bei B zu SE. S-Winde neigen zu einer Kurve von B nach C und nehmen über der Seemitte zu.	NW-Winde werden bei B gebündelt. NE-Winde werden entlang des Ostufers auf N abgelenkt. SE-Winde wehen gebündelt aus B und drehen in Richtung C und D. SW-Winde werden entlang des Ostufers auf S abgelenkt oder drehen bei B auf W.
W-Winde neigen zu einer Ablenkung entlang des Südufers und frischen bei B auf. N-Winde neigen dazu, sich in Richtung A und B aufzuteilen. E-Winde wehen verstärkt aus B und drehen in Richtung A. S-Winde neigen dazu, bei A oder B aus SW oder SE zu wehen und über der Seemitte sowie im nördlichen Bereich des Sees aufzufrischen.	NW-Winde werden entlang des Südufers nach W abgelenkt. NE-Winde werden entlang des Südufers nach E abgelenkt. SE-Winde werden entlang des Südufers auf E abgelenkt. SW-Winde werden entlang des Südufers auf W abgelenkt.

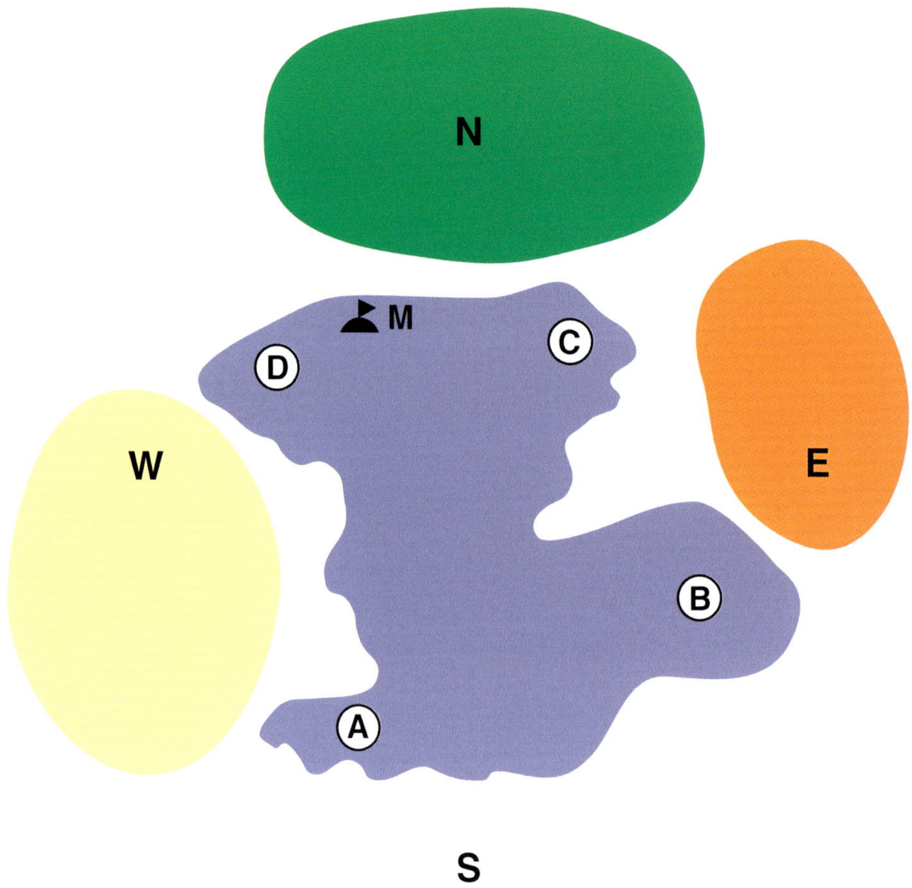

Abb. 9

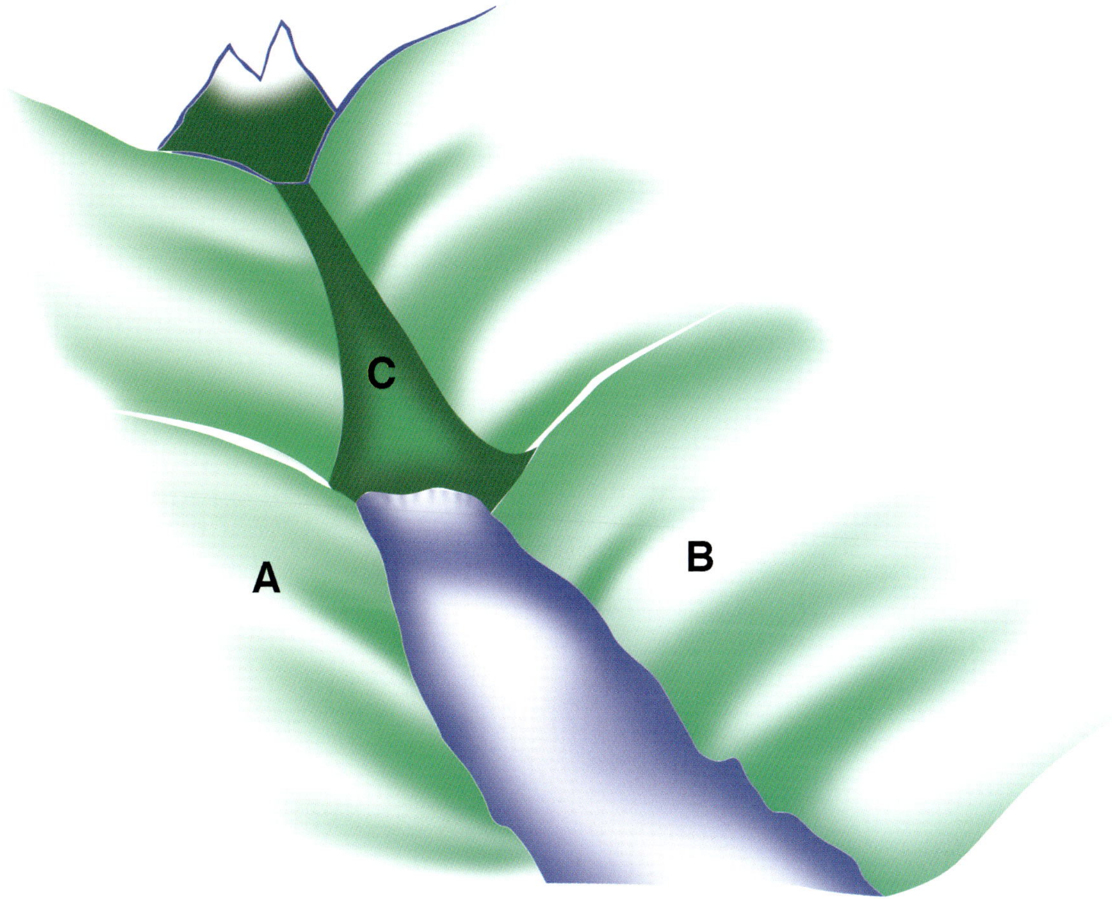

Abb. 10

Das Beispiel in Abb. 10 zeigt einen typischen Bergsee (von einem Damm oder einer Moräne abgeschlossen), lang, schmal und stellenweise sehr tief. Diese Seen laufen häufig an einer Seite in eine Schwemmland-Ebene aus und gehen an der anderen Seite in ein Tal zwischen hohen Bergen über (Foto S. 107). Die thermischen und topografischen Einflüsse hängen davon ab, in welcher Richtung ein See ausgerichtet ist (Foto S. 103).

Anmerkung Wenn Seen in Nord-Süd- oder Ost-West-Richtung ausgerichtet sind oder andere Bedingen herrschen, die hier nicht berücksichtigt werden konnten, gehen Sie nach der Grundregel vor, dass von der Sonne beschienene Hänge einen auflandigen und solche im Schatten ablandigen Wind produzieren. Wenn der Gradientwind die thermischen Einflüsse außer Kraft setzt, kommen andere Möglichkeiten infrage. Dazu gehören:

1. Im Laufe des Morgens nimmt die Bildung von Cumuli zu. Es kommt zu Schauern und eventuell Gewittern (Fallwinde). Beobachten Sie die Zugrichtung der niedrigsten Wolken, um die Richtung des Gradientwindes bestimmen zu können, und rechnen Sie später mit Fallwinden vorzugsweise aus dieser Richtung.
2. Zunehmend hohe Schleierwolken mit »Pferdeschwänzen« (siehe S. 37) und Halos später. Der Gradientwind wird normalerweise rückdrehen und auffrischen. Später ist mit einem Regenband zu rechnen.
3. Jetzt mäßiger Dauerregen. Nach einer bestimmten Zeit (1 bis 6 Stunden) sollte der Gradientwind mit nachlassendem Regen rechtdrehen.

Ausrichtung des Tales C	*Morgen*	*Früher Nachmittag*	*Später Nachmittag*	*Abend*
Nach Norden	Anabatische Strömung hangaufwärts A. Anzeichen einer Strömung hangaufwärts B. Tendenz zu flauen Bereichen bei C. Cu-Wolken vor allem über A.	Gleichwertige Tendenz zu anabatischen Strömungen nach A und B. Starke Tendenz nach C. Cumuli über A und B.	Tendenz zu Flauten unter Land bei A und B. Die Tendenz nach C bleibt. Cumuli lösen sich allmählich auf. Katabatische Winde hangabwärts setzen bei A ein. Anabatische Winde hangaufwärts können bei B noch anhalten.	Tendenz zu katabatischen Winden von A und flauen Bereichen bei B verursachen Wind von A nach B. Allerdings ist die nach C anhaltende Strömung zu berücksichtigen.
Nach Süden	Anabatische Strömung hangaufwärts B. Anzeichen einer Strömung hangaufwärts A. Tendenz zu flauen Bereichen bei C. Cu-Wolken vor allem über B.	Gleichwertige Tendenz zu anabatischen Strömungen nach A und B. Leichte Tendenz nach C, aber nicht so stark wie bei einer Ausrichtung nach Norden. Cumuli über A und B.	Tendenz zu Flauten unter Land bei A und B. Leichtwind-Tendenz nach C. Generelles Nachlassen der thermischen Einflüsse an diesem Ende des Sees. Die Stömung geht vor allem entlang des Sees in nördliche Richtung. Katabatische Winde hangabwärts beginnen bei B, wenn die Hänge im Schatten liegen.	Katabatische Strömung von B und Beginn katabatischer Winde nach A. Wind neigt dazu, von B nach A zu wehen. Geringe Tendenz nach C.
Nach Osten	Anabatische Strömungen hangaufwärts A und B, aber A bevorzugt. Zunächst geringe Tendenz nach C, später zunehmend.	Anabatische Strömung überwiegend auflandig nach A, Wind weht deshalb von B nach A. Starke Tendenz nach C, berücksichtigen Sie also die östliche Strömung.	Tendenz zu nachlassenden anabatischen Winden bei A und B. Bei B können sich katabatische Winde entwickeln. Die Strömung nach C bleibt, sodass der Wind vor allem in östliche Richtung weht.	Katabatische Strömungen von B und A. Die nach C gerichtete Strömung lässt nach. Starke Neigung zu Flaute.
Nach Westen	Anabatische Strömungen hangaufwärts A und B, aber B bevorzugt. Zunächst geringe Tendenz nach C, später rasch zunehmend.	Beherrschende auflandige anabatische Strömung nach B. Starke Tendenz einer Strömung nach C.	Die anabatische Strömung nach B hält an, lässt jedoch nach oder katabatische Winde entwickeln sich bei A. Die Strömung nach C hält an.	Bei A und B setzen katabatische Winde ein, die nach C gerichtete Strömung lässt nach. Starke Neigung zu Flaute.

4 Eine warme, wolkenreiche Luftströmung – gewöhnlich aus einer Richtung zwischen Süd und West – wird von einem Rechtdreher und einer Kaltfront abgelöst, die meist nur einer Vorhersage zu entnehmen ist.
5 Jetzt Durchzug eines Bandes mit heftigen Schauern. Es ist mit einem Rechtdreher und Aufheiterungen zu rechnen, denen im Tagesverlauf weitere Schauer folgen.
6 Heiße, schwüle Verhältnisse mit durchziehenden Bändern aus Altocumuli (und anderen Wolken). Aus der gleichen Richtung wie die Ac-Wolken sind Gewitter zu erwarten. Sie können fast ohne Vorwarnung über den Hängen auftauchen und erzeugen abwärtsgerichtete Winde bis zu Sturmstärke (Fallwinde).
7 An europäischen Seen (wie auch in anderen Gegenden mit in Richtung des Gradientwindes ausgerichteten Bergketten) ist mit Föhn zu rechnen. Föhn beschert zunächst außergewöhnlich gute Sicht und Windstille, anschließend setzt plötzlich aus den Bergen heraus Wind ein, der bis Sturmstärke erreichen kann, besonders wenn er durch Täler gebündelt wird.

Die Tendenzen entsprechen denen einer grundsätzlich ruhigen Lage – selbst in klaren Nächten nach Tagen mit mäßigem Wind. Bei Tage allerdings können thermische und topografische Einflüsse vom Gradientwind zunichte gemacht werden.

Frühe Nacht	*Mitte der Nacht*	*Früher Morgen*	*Sonnenaufgang*	*Gradientwind aus...*
Starke katabatische Winde bei A und B. (Halten Sie sich unter Land, meiden Sie die flaue Seemitte.) Möglicherweise entwickelt sich eine Bank aus Cu-Wolken über der Mitte des Sees. Schwachwindig bei C.	Die katabatischen Winde bei A und B wie in der frühen Nacht. Es bildet sich eine Strömung aus Richtung C, sodass es auf dem See zu einem Wind in N-liche Richtung kommt.	Der Wind aus C nimmt im gleichen Maße zu wie die katabatischen Strömungen bei A und B nachlassen.	Die noch bestehende Strömung aus C lässt mit steigender Sonne nach. Geringe Tendenz zu anabatischen Strömungen bei A und B, die bei A jedoch mit zunehmender Sonneneinstrahlung verstärkt wird.	Zwischen SW und SE – über dem See Wind aus S. Zwischen NW und NE – über dem See Wind aus N. W oder O – denken Sie an die Talöffnungen, durch die der Wind auf den See hinausweht.
Wie oben.	Katabatische Winde halten wie in der frühen Nacht an. Es entwickelt sich eine Strömung aus C, sodass es über dem See zu einem S-lichen Wind kommt.	Wie oben.	Wie oben.	Wie oben.
Bei A und B starke katabatische Winde. Auch bei C entwickelt sich eine katabatische Strömung, die auf dem Wasser jedoch kaum zu spüren ist. Wolkenbank möglich, siehe oben.	Katabatische Strömungen von A und B mit zunehmender Tendenz für eine aus C.	Die katabatischen Winde nehmen ab, die Strömung aus C jedoch hält an. Dadurch enthält jeder Wind eine Komponente von E nach W. In der Seemitte schwächerer Wind.	Der Wind aus Richtung C hält an; er wird von einer erhöhten Tendenz zu anabatischen Strömungen über von der Sonne beschienenen Hängen verstärkt.	SW bis NW – über dem See W. NE bis SE – über dem See E. N oder S – denken Sie an die Talöffnungen, durch die der Wind aus den Bergen auf den See hinausweht.
Starke katabatische Winde bei A und B. Leichte kat. Strömung bei C, die allerdings kaum bis auf den See reicht. Wolkenbank möglich, siehe oben.	Die Strömung aus Richtung C verstärkt sich und addiert sich zu den anhaltenden katabatischen Strömungen aus A und B.	Kat. Winde nehmen ab, Strömung aus C hält an. Dadurch leichte Brise den See entlang, die jedoch zum unteren Ende hin nachlässt.	Anhaltender Wind aus C, der von einer erhöhten Tendenz zu anabatischen Strömungen über von der Sonne beschienenen Hängen verstärkt wird.	Wie oben.

Auf großen Seen kommt es meist zu besonderen Windsystemen, die sich durchsetzen, wenn der Gradientwind bereits am Morgen schwach ist. Auch hier entwickelt sich an nahezu jedem Sommertag ein Seewind, der vor allem die Küstenregionen beeinflusst. An drei bis vier Tagen eines typischen Spätfrühling- oder Sommermonats weht er bis zu 13 km landeinwärts. Wenn der angekündigte oder der tatsächliche Wind am Morgen im Mittel schwächer ist als 5 bis 8 kn, ist mit Seewind zu rechnen.

Wird es zu Seewind kommen?

Die Hinweise beziehen sich auf Küsten mit einem durchgehenden und mehr oder weniger geradlinigen Ufer mit einem weiträumigen, relativ flachen Hinterland. Nach Osten und Süden ausgerichtete Küsten haben größere Chancen auf Seewinde als nach Westen ausgerichtete, Nordufer die geringsten. (Diese Informationen beziehen sich auf die Großen Seen in Nordamerika (Abb. 11), gelten aber mit Einschränkungen auch für andere große Binnengewässer.)

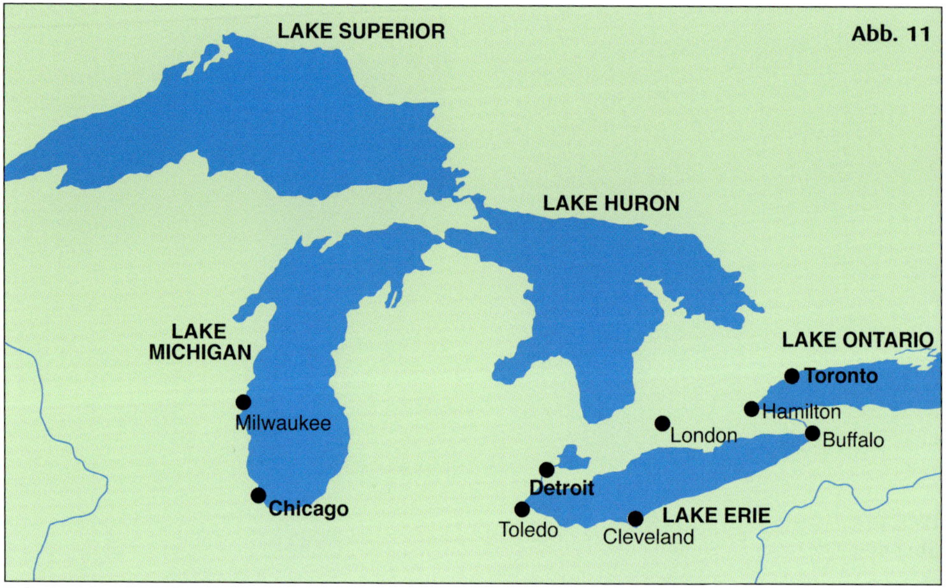

Lake Superior = Oberer See
Lake Huron = Huron-See
Lake Michigan = Michigan-See
Lake Erie = Erie-See
Lake Ontario = Ontario-See

Optimaler Wettertypus	*Eindruck des Tages*	*Ablandiger Morgenwind*	*Andere Windrichtungen am Morgen*
Über dem Revier befindet sich ein Hoch. Andernfalls sollte die Wetterkarte weit auseinander liegende Isobaren zeigen. Der Wetterbericht sollte eine nur langsame Verlagerung des Hochs vorhersagen.	Sonne am Morgen und gegen Mittag nicht mehr als halb bedeckt. Schwacher oder leichter Wind. Am frühen Morgen fast völlige Flaute.	Ähnlich wie ein Seewind-Frontensystem, allerdings nicht so weit reichend. Es kommt zu vergleichbaren Flauten im Uferbereich; der Wind erreicht das Binnenland zunehmend später: 2 bis 3 km gegen 10.30 Uhr, 13 bis 16 km zwischen 13.30 und 16.30 Uhr. (Diese Angaben beziehen sich auf ein nach Osten ausgerichtetes Ufer, bei nach Westen ausgerichtetem bildet sich das System schwächer aus.)	Wind weht parallel zur Küste oder leicht auflandig. Weht er direkt auflandig, wird er vom Seewind nur verstärkt.

1 Besorgen Sie sich gesicherte Angaben über die Windgeschwindigkeit an Land.
2 Gehen Sie mit der Tageszeit in die Tabelle rechts, um den Umrechnungsfaktor zu finden, mit dem der Wind an Land zu multiplizieren ist, um die Windgeschwindigkeit über dem Wasser zu erhalten.

Frühling und Frühsommer (Mitte Februar bis Juni)												
LSZ	01.00	03.00	06.00	08.00	10.00	12.00	14.00	16.00	18.00	20.00	22.00	24.00
Faktor	2.5	2.4	2.2	1.9	1.4	1.1	1.0	1.1	1.2	1.9	2.3	2.5
Sommer und Herbst (Juli bis November)												
LSZ	01.00	03.00	06.00	08.00	10.00	12.00	14.00	16.00	18.00	20.00	22.00	24.00
Faktor	2.8	2.7	2.5	2.2	1.8	1.3	1.2	1.4	1.9	2.5	2.6	2.8

Wann ist Seewind-Saison?

Ab Anfang April ist auf großen Seen mit einem auflandigen thermischen Wind zu rechnen, allerdings nur bei fast völliger Flaute. Allgemein gilt der Zeitraum von Mitte April bis Mitte August als Seewind-Saison. Die stärksten Winde entstehen im Juni und Juli. Von September bis März ist die Wahrscheinlichkeit nur sehr gering.

Welche ist die wahrscheinliche Windrichtung über dem See?

Ausgehend von der Windrichtung an Land dürfte der Wind über dem See um 30 bis 40 Grad rechtgedreht auftreten.

Wahrscheinliche Art des Beginns in Ufernähe	*Abends und nachts*	*Wettersituation, die Seewind verhindert*
Blick auf den See: Weht der Wind von links parallel zum Ufer, ist mit einem schnellen oder gar plötzlichen Dreher zu Beginn des Seewindes zu rechnen. Wind von rechts: langsamer Dreher bis in Seewind-Richtung. Weht es mit 6 bis 8 kn, wird es einen Dreher zu einem mehr auflandigen Wind geben, es kommt allerdings nicht zu einem echten Seewind wie bei schwächerem Wind. Wind ablandig: Seewind-Frontensystem mit zunächst ufernahen Flautengebieten und am Nachmittag allmählich auffrischendem Wind. Wind auflandig: Zunahme am Nachmittag und evtl. mit einem Dreher zu direkt auflandiger Richtung.	Wenn im Wetterbericht nicht von einem schnell ziehenden Wettersystem die Rede ist, wird gegen Abend mit flauen Bedingungen zu rechnen sein. Erwarten Sie einen leichten nächtlichen Landwind, der von der Topografie gelenkt wird. Ist es in Ufernähe bergig, ist der Wind stärker, manchmal gibt es mäßige katabatische Winde. Mit dem Abflauen des nächtlichen Landwindes ist um die Morgendämmerung zu rechnen.	Tiefdruck-Lage mit nur gelegentlichem Sonnenschein. (Die Chancen für Seewind sind geringer als bei einer Hochdruck-Lage.) Tiefs können allerdings tagsüber auf den See hinausziehen und bei leichtem Wind, Sonnenschein und einigermaßen guter Sicht einen späten Seewind ermöglichen.

Sie mögen nicht all diese Fragen beantworten wollen oder können – sie sollen auch nur als Anregungen dienen.

Regattavorbereitung für kleinräumige Reviere

Vor dem Rennen

Angaben über den voraussichtlichen Gradientwind von...	*Wahrscheinliche Art der Luftströmung*	*Einfluss der Topografie*	*Mögliche regionale Dreher*	*Gezeitenströmungen usw.*
1 Meteorologen des örtlichen Wetterdienstes. **2** telefonischer Vorhersage. **3** aktuelle und Vorhersagekarten per Fax. **4** Fernsehwetterberichten, die auch Strömungskarten zeigen. **5** Radio- und Funk-Wetterberichten für Küsten- und Seegebiete. **6** dem Internet	**1** *Instabil*: Voraussichtliche Windstärke? Stärke der Böen? Schauer? Gewitter? **2** *Stabil*: Windstärke? Wann wird die Temperatur-Umkehr gebrochen? Vormittag oder Nachmittag? Nebel?	Topografische Karte der Region Steilküsten Vorgebirge Täler Inseln (besonders wichtig bei stabiler Strömung) Buchten	Dreher in Ufernähe Böen an Steilküsten Ablenkung des Windes durch Inseln und Vorgebirge Ablenkung eines stabilen Seewindes, wenn er gegen hohe Ufer weht. Windströmung in Buchten hinein. Löcheriger Wind in Lee von Inseln.	Phase der Gezeit während des Rennens Strömungen an Bahnmarken und Küsteneinschnitten Strömungen aus Flussmündungen Gegenströmungen in Buchten

Vor Ort

Mittlere Windrichtung	*Anhaltspunkt für mittlere Windrichtung*	*Art der Luftströmung*	*Bahnmarken und Windrichtung*	*Seewind?*
Siehe S. 17.	Suchen Sie sich eine möglichst weit entfernte Markierung an Land, die genau in der mittleren Windrichtung liegt. Sie dient als Referenz für Winddrehungen.	Tag mit Cu-Wolken: siehe S. 82 oder 96. Warm mit schlechter Sicht: siehe S. 90 oder 104. Schauer: siehe S. 86 oder 100.	Bahnmarken unter Land: Uferbedingte Dreher? Seewind-Dreher? Bahnmarken auf See: Seewind-Dreher oder Flautenlöcher? Siehe S. 54.	Möglich? Siehe S. 56. Wann? Siehe S. 58.

Hilfen, um einen angenehmen Tag zu erleben

Wissen, woher der Wind weht	*Versichern Sie sich, dass der Wind später nicht unangenehm wird*	*Achten Sie auf mögliche Verschlechterung*	*Ruhige Morgen...*
Besorgen Sie sich am Abend zuvor und am frühen Morgen den Wetterbericht.	Wenn Sie geschützte Gewässer verlassen, lesen Sie die Tabellen auf S. 18 und 20. Zu viel Seegang? Siehe S. 23.	Vorhersagen können falsch sein. Wenn sich Himmel und Wind gegen Sie verschwören, siehe S. 26 und 36. Sollten Sie nicht lieber umkehren?	deuten häufig auf einen noch ruhigeren Abend hin. Wird die Tide gegenan laufen und Ihre Rückkehr erschweren? Auch Seewind tagsüber und Flauten gegen Abend möglich.

Fronten usw.	*Bei Drehern an Fronten*	*Bei einem Seewind-Dreher*	*Bei sehr spätem Zieleinlauf/ später Heimkehr*
Können Fronten das Segelrevier überqueren? Siehe S. 26. Ändert sich das Wettergeschehen? Tiefs, siehe S. 26.	Der neue Wind dreht auf die alte Richtung und hat die Qualität des neuen Windes, siehe S. 32 und 70.	Eine neue Windrichtung zwischen 10 und 20 Grad links der rechtwinklig auflandigen Richtung ist am wahrscheinlichsten. Bei mäßigem Wind rechnen Sie mit anderen, geringeren Winddrehern.	Löst sich der Seewind auf? Kommt der Gradientwind zurück und verdrängt den Seewind? Totenflaute? Vergessen Sie die Paddel nicht! Und einen Anker!

Wenn der Seewind weht	*Überdenken Sie den langfristigen Ablauf von Winddrehern!*	*Einschätzung der Windqualität*	*Verlassen Sie geschützte Gewässer?*
Neue taktische Situation?	Fronten können zeitlich nicht genau genug vorhergesehen werden, beobachten Sie deshalb die aus Luv heranziehenden Fronten. Kommt eine Warmfront?	Bringt der Tag regelmäßige Drehmuster? Siehe S. 74 oder 79 und den Zeitablauf. Erkennen Sie unregelmäßige Muster. Wenden Sie möglichst bei ausgeprägten Drehern und vernachlässigen Sie andere taktische Überlegungen.	Heiß an Land, aber kühl oder kalt auf See? Gewitterrisiken? Böen und Kaltluftströmungen möglich. Nehmen Sie schützende Kleidung und Schwimmwesten mit.

Gezeiten	*Flussfahrt*	*Sie müssen früh zurück?*
Achten Sie darauf, dass Sie nicht ungeplant trockenfallen. Wenn Sie sich nicht mit trockenfallenden Tidenrevieren auskennen, verlassen Sie das Revier 2 Stunden nach Hochwasser. Gibt es eine Barre vor der Hafeneinfahrt? Gibt es in der Einfahrt einen Ebbstrom?	Segeln Sie wenn möglich flussaufwärts – und lassen Sie sich zurück treiben.	Segeln Sie am Morgen los, da es am Mittag und Nachmittag auffrischen wird. Kehren Sie gegen 17.00 Uhr zurück, bevor die Abendflaute einsetzt.